Litora

Lehrgang für den spät beginnenden Lateinunterricht

Von Ursula Blank-Sangmeister und Hubert Müller
Unter Mitarbeit von Anke und Günter Laser

Lernvokabeln

Vandenhoeck & Ruprecht

Bibliografische Information der Deutschen Nationalbibliothek

Die Deutsche Nationalbibliothek verzeichnet diese Publikation in der
Deutschen Nationalbibliografie; detaillierte bibliografische Daten sind
im Internet über http://dnb.d-nb.de abrufbar.

ISBN 978-3-525-71751-6

Umschlagabbildung: Akropolis von Lindos, Rhodos. Foto: Claus Frank, Ottersweier.

© 2013, 2004, Vandenhoeck & Ruprecht GmbH & Co. KG, Göttingen /
Vandenhoeck & Ruprecht LLC, Bristol, CT, U.S.A. / www.v-r.de
Alle Rechte vorbehalten. Das Werk und seine Teile sind urheberrechtlich geschützt.
Jede Verwertung in anderen als den gesetzlich zugelassenen Fällen bedarf der
vorherigen schriftlichen Einwilligung des Verlages. Printed in Germany.

Redaktion: Jutta Schweigert, Göttingen
Konzept und Gestaltung: Markus Eidt, Göttingen
Einbandgestaltung: Groothuis, Lohfert, Consorten, Hamburg
Satz: Dörlemann, Lemförde
Druck und Bindung: ⊕ Hubert & Co, Göttingen.

Gedruckt auf chlorfrei gebleichtem Papier.

Lektion 1

Eigennamen

Atticus *m.*
Lūcius *m.*
Mārcus *m.*
Quīntus *m.*

	discipulus *m.*	Schüler
	est (*Inf.:* esse)	er, sie, es ist (*Inf.:* sein)
	tenēre	halten
	intrāre	betreten
5	salūtāre	(be)grüßen
	et	und; auch
	scrībere	schreiben
	legere	lesen
	libenter *Adv.*	gern
10	discere	lernen
	autem	jedoch, aber
	timēre	fürchten
	nam	denn
	saepe *Adv.*	oft
15	īrātus, īrāta	zornig
	sedēre	sitzen
	nōn	nicht
	audīre	hören, zuhören
	etiam	auch; sogar
20	fābula *f.*	Geschichte, Fabel
	Graecus, Graeca	griechisch
	iuvat	es bereitet Freude
	dēlectāre	erfreuen
	dēbēre	müssen; schulden
25	laudāre	loben
	studēre	sich bemühen, versuchen
	placēre	gefallen
	errāre	einen Fehler machen, (sich) irren
	licēre	erlaubt sein
30	licet	es ist erlaubt, man darf
	error *m.*	Irrtum, Fehler
	invenīre	finden
	vituperāre	tadeln
	valdē *Adv.*	sehr
35	clāmāre	schreien, rufen
	nunc *Adv.*	jetzt, nun
	timor *m.*	Furcht
	māgnus, māgna	groß

	recitāre	vorlesen
40	nōn iam *Adv.*	nicht mehr

Ordnen Sie folgende Lehn- und Fremdwörter sowie die Wörter aus dem Englischen und Französischen oben stehenden Vokabeln zu. Überlegen Sie jeweils auch, ob und ggf. wie sich ihre Bedeutung verändert hat.

error – tenir – entrer – *Salut* – écrire – lire – *Disziplin* – recital – *Auditorium* – *rezitieren* – *fabulieren* – to delight – *Studium* – devoir – étudier – *Plazet* – *Lizenz* – une erreur – to invent – saluer – inventer – *Klamauk* – réciter – to enter – licence – *Laudatio* – to study – plaire – to clamour.

Lektion 2

Eigennamen

	Cornēlius *m.*	
	Domitilla *f.*	
	Iūlia *f.*	
	Lȳdius *m.*	röm. (Sklaven-)Name
	Sibylla *f.*	
	Syrus *m.*	röm. (Sklaven-)Name
	dominus *m.*	(Haus-) Herr
	domina *f.*	Hausherrin
	uxor *f.*	(Ehe-) Frau
	amīcus *m.*	Freund
	amīcus, amīca	befreundet, freundschaftlich gesinnt
	amīca *f.*	Freundin
	ad *m. Akk.*	zu, an, bei
5	cēna *f.*	Essen, Mahlzeit
	invītāre	einladen
	hodiē *Adv.*	heute
	exspectāre	erwarten
	itaque	und so, daher, deshalb
10	servus *m.*	Sklave
	serva *f.*	Sklavin
	bonus, bona	gut
	parāre	vorbereiten
	iubēre	beauftragen, befehlen
	sunt	sie sind (*3. Person Pl. zu* esse)
15	cibus *m.*	Speise
	emere	kaufen
	mēnsa *f.*	Tisch
	ōrnāre	ausstatten, schmücken
	apud *m. Akk.*	bei

Lektion 3

20	multus, multa *meist Pl.*	viel
	ēligere	auswählen
	tum *Adv.*	da, dann, darauf; damals
	per *m. Akk.*	durch … hindurch
	via *f.*	Weg, Straße
25	ambulāre	spazieren gehen, schlendern
	mercātor *m.*	Kaufmann
	prōpōnere	ausstellen; vorschlagen
	vendere	verkaufen
	pecūnia *f.*	Geld
30	cōnsūmere	verbrauchen
	interim *Adv.*	inzwischen, unterdessen
	lectus *m.*	Bett, Sofa
	portāre	tragen, bringen
	apportāre = ad-portāre	her(bei-)bringen, -tragen
35	venīre	kommen
	advenīre	her(bei)kommen, ankommen
	contentus, contenta	zufrieden, froh
	alius, alia	ein anderer
	aliī … aliī	die einen … die anderen
	amāre	lieben, mögen
40	quod	da, weil; dass
	tam *Adv.*	so
	nēmō	niemand

Ordnen Sie folgende Lehn- und Fremdwörter sowie die Wörter aus dem Englischen und Französischen oben stehenden Vokabeln zu. Überlegen Sie jeweils auch, ob und ggf. wie sich ihre Bedeutung verändert hat.

le marchand – *dominieren* – une amie – venir – to exspect – (the) porter – *Ornament* – une ambulance – multiple – élire – *ambulant* – *Merkantilismus* – inviter – un ami – to propose – *konsumieren* – vendre – *pekuniär* – to consume – le lit – *apportieren* – *parat* – porter – *Advent* – content – consumer – *Amateur* – to invite – *Bonus* – multiplizieren – proposer – content, e – merchant – to elect – apporter – aimer.

Lektion 3

Eigennamen

Atticus *m.*
Clōdius *m.*
Herculēs *m.*   *Sohn des Iuppiter; Halbgott; Held der Tapferkeit und Stärke*
Mārcia *f.*
Pūblius *m.*
Tiberius *m.*
Titus *m.*

egō; mē *Akk.*	ich; mich
tū; tē *Akk.*	du; dich
nōs	wir *Nom.*; uns *Akk.*
vōs	ihr *Nom.*; euch *Akk.*
vīcīnus, um *m.*	Nachbar
vīcīna, am *f.*	Nachbarin
vīcīnus, a	benachbart
salvē!	sei gegrüßt! Guten Tag!
quid?	was?
agere, agō	tun, machen; (be)treiben
5 nihil	nichts
fessus, a	müde, erschöpft
post *m. Akk.*	nach, hinter
nox, *Akk:* noctem *f.*	Nacht
hīc *Adv.*	hier
10 dormīre, dormiō	schlafen
posse, possum	können
somnus, um *m.*	Schlaf
admittere, admittō	zulassen
sōlum *Adv.*	allein, nur
15 nōnne?	denn nicht? (etwa) nicht?
carrus, um *m.*	Karren
vehere, vehō	transportieren; fahren
vigilāre, vigilō	wachen, wach sein
opprimere, opprimō	überfallen; niederdrücken
20 miser, misera	arm; elend
adiuvāre, adiuvō	unterstützen, helfen
num(?)	etwa?; ob
īre, eō	gehen
magister, *Akk.:* magistrum *m.*	Lehrer
25 spectāre, spectō	betrachten; schauen
clāmor, ōrem *m.*	Geschrei
dīmittere, dīmittō	entlassen, fortschicken
tacēre, taceō	schweigen; verschweigen
cūr(?)	warum(?)
30 semper *Adv.*	immer
aut	oder
ibī *Adv.*	da, dort
cavēre, caveō	sich hüten, sich in Acht nehmen
labōrāre, labōrō	arbeiten; sich bemühen
35 labor, ōrem *m.*	Arbeit; Anstrengung, Mühe
vocāre, vocō	rufen
vīsitāre, vīsitō	besuchen
-ne *angehängt*	*(Fragezeichen)*; ob
valē!	leb wohl!
40 valēre, valeō	gesund sein, stark sein

Ordnen Sie folgende Lehn- und Fremdwörter sowie die Wörter aus dem Englischen und Französischen oben stehenden Vokabeln zu. Überlegen Sie jeweils auch, ob und ggf. wie sich ihre Bedeutung verändert hat.

Vokal – *Egoist* – le voisin – *Visite* – le spectateur – car – *postmodern* – to act – spectator – *Nihilismus* – *Misere* – la nuit – dormir – le sommeil – to admit – master – *Vehikel* – opprimer – misery – *Magister* – agir – maître – *Spektakel* – *Klamauk* – to clamour – (se) taire – *Labor* – labour – visiter – *agieren* – admettre – to oppress – la misère – to visit.

Lektion 4

Eigennamen

Dāvus, ī *m.*	röm. (Sklaven-) Name
Fēlīcio, Fēlīciōnis *m.*	
Safrānia, ae *f.*	
Titus Iūlius, Titī Iūliī *m.*	

	senātor, senātōris *m.*	Senator
	vīlla, vīllae *f.*	Landhaus, -gut
	vīlicus, vīlicī *m.*	Gutsverwalter
	vīlica, vīlicae *f.*	Gutsverwalterin
	hortus, hortī *m.*	Garten
5	campus, campī *m.*	Feld
	-que	und
	ubīque *Adv.*	überall
	frūmentum, frūmentī *n.*	Getreide, Weizen
	tēctum, tēctī *n.*	Dach
10	horreum, horreī *n.*	Scheune
	reparāre, reparō	reparieren, ausbessern
	colligere, colligō	(auf)sammeln
	dare, dō	geben
	cūnctī, cūnctae, cūncta	alle
15	cum	als, wenn, immer wenn
	vidēre, videō	sehen
	maximē *Adv.*	besonders
	sēdulus, a, um	fleißig
	vīta, vītae *f.*	Leben
20	dūrus, a, um	hart
	salūs, salūtis *f.*	Wohlergehen
	populus, populī *m.*	Volk
	Rōmānus, Rōmānī *m.*	Römer
	Rōmānus, a, um	römisch

	cōnsulere m. Dat.	sorgen für
25	nōbīs Dat.	uns
	sed	aber; sondern
	nē … quidem	nicht einmal
	ōtium, ōtiī n.	freie Zeit
	cūstōdīre, cūstōdiō	be-, überwachen
30	subitō Adv.	plötzlich
	mōnstrāre, mōnstrō	zeigen
	enim	nämlich
	aegrōtus, a, um	krank
	piger, pigra, pigrum	faul
35	nōnnūllī, nōnnūllae, nōnnūlla	manche
	gaudium, ī n. m. Gen.	Freude an
	parvus, a, um	klein
	postrīdiē Adv.	am folgenden Tag
	et … et	sowohl … als auch

Ordnen Sie folgende Lehn- und Fremdwörter sowie die Wörter aus dem Englischen und Französischen oben stehenden Vokabeln zu. Überlegen Sie jeweils auch, ob und ggf. wie sich ihre Bedeutung verändert hat.

Gaudi – *Senator* – village – date – la collection – *populär* – le champs – *reparieren* – collection – la date – *Video* – *Vitalität* – la ville – la vie – dûr, e – le salut – réparer – le camp – *Salut* – people – le toit – *romanisch* – le vidéo – camp – romain, e – le peuple – *Konsul* – *Monstranz* – *Campus* – montrer – *Villa* – *Kollekte* – *Camping* – to repair – Roman – *Datum* – video – *vital*.

Lektion 5

Eigennamen

Dāvus, ī m.	röm. (Sklaven-) Name
Gnaeus Claudius, Gnaeī Claudiī m.	
Philō, Philōnis m.	
Philodēmus, ī m.	
Syrus, ī m.	röm. (Sklaven-)Name

	rēs, reī f.	Sache
	pūblicus, a, um	öffentlich
	rēs pūblica, reī pūblicae f.	Republik, Staat
	pars, partis f.	Teil
5	plēbs, plēbis f.	(einfaches) Volk, Plebs
	novus, a, um	neu
	rēs novae, rērum novārum f.	Umsturz

Lektion 5

studēre, studeō	1. sich bemühen, versuchen *(vgl. Lekt. 1)*
	2. *m. Dat.:* sich bemühen *um*
māiōrēs, um *m.*	Vorfahren
10 temptāre, temptō	versuchen; angreifen
diēs, ēī *m.*	Tag
cōnsul, is *m.*	Konsul
dēlīberāre, dēlīberō	überlegen; sich beratschlagen
ōrātiō, ōnis *f.*	Rede
15 habēre, habeō	haben, halten
ōrātiōnem habēre	eine Rede halten
cupere, cupiō	wünschen, wollen
disputāre, disputō	diskutieren, streiten
interdum *Adv.*	manchmal
in *m. Akk.*	in (… hinein); nach
20 vestis, is *f.*	Kleidungsstück
pōnere, pōnō	setzen, legen, stellen
suus, a, um	sein, ihr
bene *Adv.*	gut
quaerere, quaerō	suchen, fragen nach
25 vir, ī *m.*	Mann
plēnus, a, um *m. Gen.*	voll *von*
tamen	dennoch, trotzdem
scīre, sciō	wissen
turba, ae *f.*	Schar, (Menschen-)Menge
30 lūdere, lūdō	spielen
numerāre, numerō	zählen
circumīre, circumeō	herumgehen
vīnum, ī *n.*	Wein
properāre, properō	eilen, schnell gehen
35 paucī, ae, a	(nur) wenige
adesse, adsum	da sein; helfen
silentium, ī *n.*	Ruhe, Stille, Schweigen
gaudēre, gaudeō	sich freuen
fugere, fugiō	fliehen
40 posteā *Adv.*	später
homō, inis *m.*	Mann, Mensch

Ordnen Sie folgende Lehn- und Fremdwörter sowie die Wörter aus dem Englischen und Französischen oben stehenden Vokabeln zu. Überlegen Sie jeweils auch, ob und ggf. wie sich ihre Bedeutung verändert hat.

Publikum – to deliberate – le silence – la part – republic – part – le vin – *Novum* – étudier – délibérer – to have – to dispute – publique – disputer – le vêtement – *Plenum* – *partiell* – plein, e – science – *Republik* – la science – *studieren* – *nummerieren* – neuf, ve – to number – to study – numérer – la république – silence – *Gaudi* – *Hominide* – un homme – *Konsul* – *Position* – bien – public – *Novize* – avoir – temptation – *Disput*.

Lektion 6

Eigennamen

Alumnus, ī *m.*	*Name eines Gladiators*
Callimōrfus, ī *m.*	*Name eines Gladiators*
Livinēius Rēgulus, Livinēiī Rēgulī *m.*	*römischer Politiker*
Nerō, ōnis *m.*	*röm. Kaiser 54–68 n. Chr.*
Nūcerīnī, ōrum *m.*	Nuceriner *(Einwohner von Nūceria)*
Pompēiānī, ōrum *m.*	Pompejaner *(Einwohner von Pompeji)*

in *m. Abl.*	in, auf
in *m. Akk.*	in … hinein; nach *(vgl. Lekt. 5)*
iam *Adv.*	schon, jetzt, gleich
prīmus, a, um	erster
lūx, lūcis *f.*	Licht
5 cum *m. Abl.*	mit
pūgnāre, pūgnō	kämpfen
favēre, faveō *m. Dat.*	*jdn.* unterstützen, *jdm.* gewogen sein
vōx, cis *f.*	Stimme
victōria, ae *f.*	Sieg
10 spēs, eī *f.*	Hoffnung, Erwartung
sine *m. Abl.*	ohne
capere, capiō	fassen, fangen
verbum, ī *n.*	Wort
sūmere, sūmō	nehmen
15 iacere, iaciō	schleudern, werfen
terror, ōris *m.*	Schrecken
afficere, afficiō *m. Abl.*	*mit etw.* versehen
vērus, a, um	wahr, echt, aufrecht
rē vērā	tatsächlich, in Wirklichkeit
necāre, necō	töten
20 intereā *Adv.*	unterdessen, inzwischen
diū *Adv.*	lange
gladius, ī *m.*	Schwert
parātus, a, um	bereit
sīgnum, ī *n.*	Zeichen
25 quidem *Adv.*	zwar, wenigstens, allerdings
neglegere, neglegō	nicht beachten, vernachlässigen
pūgna, ae *f.*	Kampf
gladiātor, ōris *m.*	Gladiator
dē *m. Abl.*	von (… herab); über
30 paulō post *Adv.*	kurz darauf
tōtus, a, um	ganz
urbs, urbis *f.*	(Groß-)Stadt
fuga, ae *f.*	Flucht

in fugam dare	in die Flucht schlagen
imperātor, ōris *m.*	Kaiser, Feldherr
35 exilium, ī *n.*	Verbannung
decem	zehn
annus, ī *m.*	Jahr
locus, ī *m.*	Ort, Platz, Stelle
loca, ōrum *n.*	Gegend

Ordnen Sie folgende Lehn- und Fremdwörter sowie die Wörter aus dem Englischen und Französischen oben stehenden Vokabeln zu. Überlegen Sie jeweils auch, ob und ggf. wie sich ihre Bedeutung verändert hat.

Primus – Vokal – Terrorist – local – total – *Dezimalsystem* – négliger – un, e – alternatif, ve – *Favorit* – la voix – le verbe – la victoire – exile – *dezimieren – Alternative – Dekade* – le lieu – *Altruismus – Sinekure* – verb – la terreur – véritable – *parat – Lokus* – prêt, e – *Signal* – favourite – premier – sign – local, e – un autre – voice – victory – suburb – le signe – *Negligé* – unique – to neglect – total – *Unikat* – favoriser – total, e – la terreur – urbain, e – *Exil* – dix – un an – *Lokalpatriot – primär – Viktor* – to alternate – *urban* – un exil – terror – *verbal* – anniversary – tout, e.

Lektion 7

Eigennamen

Africa, ae *f.*	Afrika
Colosseum, ī *n.*	Kolosseum *(Amphitheater in Rom)*
Dāvus, ī *m.*	röm. *(Sklaven-) Name*
Dīs, Dītis *m.*	Pluto *(Gott der Unterwelt)*
Eurydica, ae *f.*	Frau des Orpheus
Gnaeus Claudius, Gnaeī Claudiī *m.*	
Italia, ae *f.*	Italien
Orpheus, ī *m.*	*(mythischer) Sänger und Dichter*
porta Taenaria, portae Taenariae *f.*	tänarisches Tor *(Tor der Unterwelt)*
Prōserpina, ae *f.*	*Gemahlin des Dis/Pluto, Tochter der Ceres; Herrscherin in der Unterwelt*
Quīntus, ī *m.*	
Tartarus, ī *m.*	*Strafort in der Unterwelt*
is, ea, id	dieser, diese, dies(es); er, sie, es
abīre, abeō	weggehen
umbra, ae *f.*	Schatten
sē	*Akk. und Abl. des Reflexivpronomens*
5 cōgitāre, cōgitō	überlegen
ante *m. Akk.*	vor
oculus, ī *m.*	Auge

	rīdēre, rīdeō	lachen
	sibī	*Dat. des Reflexivpronomens*
10	sentīre, sentiō	fühlen, merken; meinen
	pēs, pedis *m.*	Fuß
	tangere, tangō	berühren
	dēns, dentis *m.*	Zahn
	laedere, laedō	verletzen
15	ē / ex *m. Abl.*	aus … heraus; von
	cēdere, cēdō	gehen; weichen, schwinden
	lacrima, ae *f.*	Träne
	flēre, fleō	(be)weinen
	tandem *Adv.*	endlich, schließlich
20	adīre, adeō	aufsuchen
	post *Adv.*	danach
	multīs diēbus post	nach vielen Tagen
	post *m. Akk.*	nach, hinter *(vgl. Lekt. 3)*
	ōrāre, ōrō	reden, bitten
	ō!	o!, ach!
	causa, ae *f.*	Grund, Ursache
25	meus, a, um	mein
	redīre, redeō	zurückgehen
	ūnā cum *m. Abl.*	zusammen mit
	aut … aut	entweder … oder
	dum *m. Ind. Präs.*	während; solange
30	commovēre, commoveō	(innerlich) bewegen
	inquit *eingeschoben*	er/sie sagt(e)
	vōbīs *Dat.*	euch
	rēgnum, ī *n.*	Königreich
	tibi	dir
35	prae *m. Abl.*	vor
	tuus, a, um	dein
	sī	wenn, falls
	flectere, flectō	(um)drehen, biegen
	manēre, maneō	bleiben
40	longus, a, um	lang, weit
	procul *Adv.*	fern
	ā / ab *m. Abl.*	von
	porta, ae *f.*	Tür, Tor
	abesse, absum	abwesend sein
45	paene *Adv.*	fast, beinahe
	exīre, exeō	hinausgehen
	sōl, sōlis *m.*	Sonne
	frūstrā *Adv.*	vergeblich

Ordnen Sie folgende Lehn- und Fremdwörter sowie die Wörter aus dem Englischen und Französischen oben stehenden Vokabeln zu. Überlegen Sie jeweils auch, ob und ggf. wie sich ihre Bedeutung verändert hat.

Lektion 8

Solarium – une ombre – le sens – *lädiert* – long – *frustriert* – to reflect – cause – le soleil – *präsent* – pedestrian – *Tango* – *Dentist* – *Portier* – sense – dentist – la larme – *okulieren* – *flennen* – *Tandem* – la cause – *Oratorium* – *kausal* – because – commotion – reign – *sentimental* – le règne – *prähistorisch* – *reflektieren* – to remain – long, longue – *ahistorisch* – *Portal* – la réflexion – la porte – *Absenz* – un œuil – *Rezession* – présent, e – absent, e – *Solarenergie* – le pied – frustration – *Tangente* – frustré – *Okular* – *Pedal* – la commotion – la dent – *Longitude* – la chose – absent – *immanent* – se – present – une ombre.

Lektion 8

Eigennamen

Cerēs, Cereris *f.*	röm. Göttin des Ackerbaus und der Ehe
Iuppiter, **Iovis** *m.*	höchster Gott der Römer
Pelops, opis *m.*	Sohn des Tantalus
Prōserpina, ae *f.*	Gemahlin des Dis/Pluto, Tochter der Ceres; Herrscherin in der Unterwelt
Tantalus, ī *m.*	Sohn Jupiters, König in Lydien (Kleinasien)

fīlius, ī *m.*	Sohn
fīlia, ae *f.*	Tochter
deus, ī *m.*	Gott
dea, ae *f.*	Göttin
quī, quae, quod	welcher, welche, welches; der, die, das
putāre, putō	glauben, meinen; *mit doppeltem Akk.:* halten für
5 mihi	mir
possidēre, possideō	besitzen
dēesse, dēsum	fehlen
beātus, a, um	glücklich
cēnāre, cēnō	essen, speisen
10 interesse, intersum *m. Dat.*	bei etw. dabei sein, an etw. teilnehmen
mundus, ī *m.*	Welt(all)
neque	und nicht, auch nicht, aber nicht
neque … neque	weder … noch
virtūs, ūtis *f.*	Tapferkeit, Tüchtigkeit, Leistung
potentia, ae *f.*	Macht
15 sapientia, ae *f.*	Weisheit
superāre, superō	übertreffen
nūmen, inis *n.*	(göttliche) Macht, (göttlicher) Wille
prōdere, prōdō	verraten
adōrāre, adōrō	anbeten, verehren
20 cōnsilium, ī *n.*	Rat, Plan
īgnōrāre, īgnōrō	nicht kennen, nicht wissen
nōn īgnōrāre	genau kennen
līber, a, um	frei
nōmen, inis *n.*	Name

	maximus, a, um	größter
25	tempus, oris *n.*	Zeit
	stāre, stō	stehen
	vulnus, eris *n.*	Wunde
	corpus, oris *n.*	Körper
	dolor, ōris *m.*	Schmerz
30	labōrāre, labōrō *m. Abl.*	leiden *an/unter*
	labōrāre, labōrō	arbeiten; sich bemühen *(s. Lekt. 3)*
	ōs, ōris *n.*	Mund, Gesicht
	aqua, ae *f.*	Wasser
	appropinquāre, appropinquō	sich nähern
	pulcher, pulchra, pulchrum	schön
35	super *m. Akk.*	oberhalb von, über
	caput, itis *n.*	Kopf
	caelum, ī *n.*	Himmel
	praetereā *Adv.*	außerdem
	vester, vestra, vestrum	euer
40	pater, tris *m.*	Vater
	līberāre, līberō	befreien

Ordnen Sie folgende Lehn- und Fremdwörter sowie die Wörter aus dem Englischen und Französischen oben stehenden Vokabeln zu. Überlegen Sie jeweils auch, ob und ggf. wie sich ihre Bedeutung verändert hat.

Kapitel – *Possessivpronomen* – le fils – *liberal* – *temporal* – posséder – interest – *Maximum* – réfugier – interessé, e – le monde – *virtuell* – chapter – *Potenz* – adorer – counsel – le chef – la douleur – le conseil – *Ignorant* – libre – *nominell* – possession – le nom – *Tempo* – to ignore – le corps – *oral* – la fille – *Aquarium* – interessieren – refugee – *Kapitän* – le ciel – nomination – le père – to liberate – le temps – libérer – *mondän* – *Filiale* – le dieu – *Beate* – *Refugium* – ignorer – *stabil* – liberty.

Lektion 9

Stammformen bereits gelernter Vokabeln

habēre, habeō, habuī, (habitum)	haben, halten
placēre, placeō, placuī, (placitum)	gefallen
scrībere, scrībō, scrīpsī, (scrīptum)	schreiben

Eigennamen

Aethra, ae *f.*
Cynthia, ae *f.*

Lektion 9

Helena, ae *f.*	*Königin von Sparta*
Lacedaemonius, ī *m.*	Spartaner
Lacedaemonius, a, um	spartanisch
Menelāus, ī *m.*	*König von Sparta*
Paris, idis *m.*	*trojanischer Prinz*
Sparta, ae *f.*	*Stadt in Griechenland*
Trōia, ae *f.*	*Stadt in Kleinasien*
Trōiānus, ī *m.*	Trojaner
Trōiānus, a, um	trojanisch
aliquid	etwas
herī *Adv.*	gestern
pulcherrimus, a, um	schönster; sehr schön, wunderschön
rēgia, ae *f.*	Königsburg, königlicher Palast
5 rēx, rēgis *m.*	König
ūsque ad *m. Akk.*	bis zu
colloquium, ī *n.*	Gespräch
laetus, a, um	froh, fröhlich
inter *m. Akk.*	unter, zwischen
10 quis?	wer?
hospes, hospitis *m.*	Gast(freund); Fremder
numquam *Adv.*	niemals
cūriōsus, a, um	neugierig
interrogāre, interrogō	fragen
15 nārrāre, nārrō	erzählen
pāstor, pāstōris *m.*	Hirte
mōns, montis *m.*	Berg
grex, gregis *m.*	Herde
ut	wie
20 dīcere, dīcō, dīxī, (dictum)	sagen
nōndum *Adv.*	noch nicht
abdūcere, abdūcō, abdūxī, (abductum)	entführen
fidēs, fideī *f.*	Treue, Zuverlässigkeit; Vertrauen; Glaube
audēre, audeō	wagen
25 īra, ae *f.*	Zorn
accipere, accipiō, accēpī, (acceptum)	annehmen, empfangen
hospitium, ī *n.*	Gastfreundschaft
mulier, mulieris *f.*	Frau
orbis, is *m.*	Kreis
30 terra, ae *f.*	Erde
orbis terrārum, orbis terrārum *m.*	Erdkreis
fēmina, ae *f.*	Frau
amor, amōris *m.*	Liebe
firmus, a, um	fest; zuverlässig; sicher

futūrus, a, um	zukünftig
35 expōnere, expōnō, exposuī, (expositum)	darlegen; erklären
opulentus, a, um	reich; üppig
cūra, ae *f.*	Sorge; Sorgfalt
prōmittere, prōmittō, prōmīsī, (prōmissum)	versprechen
cōgnōscere, cōgnōscō, (cōg)nōvī, (cōgnitum)	erfahren; kennen lernen
40 cūrāre, cūrō	besorgen, sich kümmern um
quamquam	obwohl, obgleich
prius *Adv.*	früher
convenīre, conveniō, convēnī, (conventum)	zusammenkommen; treffen

Ordnen Sie folgende Lehn- und Fremdwörter sowie die Wörter aus dem Englischen und Französischen oben stehenden Vokabeln zu. Überlegen Sie jeweils auch, ob und ggf. wie sich ihre Bedeutung verändert hat.

Konvention – to promise – exposer – la cure – *Kolloquium* – *Feminismus* – un amour – *akzeptieren* – *international* – curious – interrogation mark – *narrativ* – futur, e – *Exponat* – narrative – *Pastor* – la montagne – *Diktum* – colloquial – dire – *Postskriptum* – convenir – la foi – to accept – curieux, se – *Hospiz* – *Terrarium* – *feminin* – une interrogation – la femme – *amourös* – la terre – *firm* – *futuristisch* – *konventionell* – *Exponent* – mountain – exposition – *opulent* – cure – promettre – *kognitiv* – *Konvent* – feminine – convent – *Interregnum* – *kurios* – le pasteur – *Firmung* – amoureux, se – le narrateur – accepter – future – *Orbitalbahn* – convention.

Lektion 10

Stammformen bereits gelernter Vokabeln

invenīre, inveniō, invēnī, (inventum)	finden
vidēre, videō, vīdī, (vīsum)	sehen
cupere, cupiō, cupīvī *u.* cupiī, (cupītum)	wünschen, wollen
dare, dō, dedī, (datum)	geben
adiuvāre, adiuvō, adiūvī, (adiūtum)	unterstützen; helfen

Eigennamen

Achillēs, is *m.*	*griechischer Held im Kampf um Troja*
Cassandra, ae *f.*	*Tochter des trojanischen Königs Priamus*
Graecī, ōrum *m.*	Griechen
Helena, ae *f.*	*Königin von Sparta*

Lektion 10

Īdomeneus, eī *m.*	*griechischer Held im Kampf um Troja*
Menelāus, ī *m.*	*König von Sparta*
Minerva, ae *f.*	*römische Göttin der Künste und des Handwerks, griech.:* Athene
Paris, idis *m.*	*trojanischer Prinz*
Sinōn, ōnis *m.*	*griechischer Held im Kampf um Troja*
Sparta, ae *f.*	*Stadt in Griechenland*
Trōia, ae *f.*	*Stadt in Kleinasien*
Trōiānus, ī *m.*	Trojaner
Trōiānus, a, um	trojanisch
Ulixēs, is *m.*	Odysseus
oppūgnāre, oppūgnō	bestürmen, angreifen
occidere, occidō, occidī, (occāsum)	untergehen; sterben
mors, mortis *f.*	Tod
coniūnx, iugis *m. u. f.*	Ehemann; Ehefrau
5 sors, sortis *f.*	Los; Schicksal
decimus, a, um	zehnter
callidus, a, um	schlau
dolus, ī *m.*	List
cantāre, cantō	singen
10 dēcipere, dēcipiō, dēcēpī, (dēceptum)	täuschen
celebrāre, celebrō	feiern
vincere, vincō, vīcī, (victum)	(be)siegen
forum, ī *n.*	Marktplatz
perīculum, ī *n.*	Gefahr
15 iterum *Adv.*	wiederum
equus, ī *m.*	Pferd
cōnsulere, cōnsulō, cōnsuluī, (cōnsultum)	1. *m. Dat.:* sorgen für *(vgl. Lekt. 4)*
	2. *m. Akk.:* um Rat fragen
	3. sich beraten
20 cum *Konjunktion*	als, wenn, immer wenn *(vgl. Lekt. 4);* als plötzlich
postulāre, postulō	fordern
odium, ī *n.*	Hass
prūdentia, ae *f.*	Klugheit
at	aber, jedoch
25 trahere, trahō, trāxī, (tractum)	ziehen; schleppen
arma, ōrum *n.*	Waffen
rōbur, oris *n.*	Kraft
animus, ī *m.*	Geist, Sinn
in animō habēre	beabsichtigen
mortuus, a, um	tot
30 dēsinere, dēsinō, dēsiī, (dēsitum)	aufhören

impius, a, um	gottlos; frevelhaft
expūgnāre, expūgnō	erobern
crēdere, crēdō, crēdidī, (creditum)	glauben, meinen; vertrauen
relinquere, relinquō, relīquī, (relictum)	verlassen; zurücklassen
35 dōnum, ī *n.*	Geschenk
addere, addō, addidī, (additum)	hinzutun, hinzufügen
dētinēre, dētineō, dētinuī, (dētentum)	abhalten
concidere, concidō, concidī, –	niederstürzen; zusammenfallen
gemere, gemō, gemuī, (gemitum)	seufzen; stöhnen
40 tantus, a, um	so groß; so viel
domum *Adv.*	nach Hause
rapere, rapiō, rapuī, raptum	eilig ergreifen; rauben
dolēre, doleō, doluī, –	Schmerz empfinden; traurig sein; bedauern
sōlus, a, um	allein
45 aperīre, aperiō, aperuī, (apertum)	öffnen
ultimus, a, um	letzter

Ordnen Sie folgende Lehn- und Fremdwörter sowie die Wörter aus dem Englischen und Französischen oben stehenden Vokabeln zu. Überlegen Sie jeweils auch, ob und ggf. wie sich ihre Bedeutung verändert hat.

Domizil – to arm – deception – invention – le don – une invention – ultime – *Mortalität* – le sort – *Dezimalsystem* – credit – conseiller – mortal – la prudence – *dezimieren* – une armée – *Dezember* – *Kantate* – decevoir – *zelebrieren* – sole – célébrer – *Vinzenz* – une addition – *Ultimatum* – vaincre – *Forum* – to counsel – chanter – *postulieren* – *addieren* – *Relikt* – postuler – prudence – *Solo* – subtrahieren – *Armee* – domestic – army – *robust* – *animieren* – to postulate – animation – *Kredit* – la mort – impious – *Reliquien* – donation – croire – celebrity – to add – to detain – gémir – tant – *Domestike* – la douleur – seul, e – ultimate – *Okzident* – *Traktor* – to celebrate – animer – *Ultimo* – to relinquish.

Lektion 11

Stammformen bereits gelernter Verben

quaerere, quaerō, quaesīvī, (quaesītum)	suchen; fragen nach

Eigennamen

Aenēās, ae *m.*	*trojanischer Königssohn, Stammvater der Römer*
Anchīsēs, ae *m.*	*Vater des Aeneas*
Carthāgō, inis *f.*	*Stadt in Nordafrika*

Lektion 11

Dīdō, ōnis *f.*	*Gründerin und Königin von Karthago*
Iūlus, ī *m.*	*Sohn des Aeneas*
Mercurius, ī *m.*	*Götterbote; Gott des Handels*
Venus, Veneris *f.*	*röm. Göttin der Liebe, Mutter des Aeneas*
interitus, ūs *m.*	Untergang
postquam *m. Perf.*	nachdem
exercitus, ūs *m.*	Heer
incendere, incendō, incendī, (incēnsum)	anzünden, in Brand stecken
5 socius, ī *m.*	Gefährte, Kamerad; Bundesgenosse
effugere, effugiō, effūgī, –	(ent)fliehen
iussū *unveränderlich*	auf Befehl
patria, ae *f.*	Vaterland
ōra, ae *f.*	Küste
10 cōnspectus, ūs *m.*	Blick, Anblick
atque / ac	und
metus, ūs *m.*	Angst, Furcht
tempestās, ātis *f.*	Unwetter, Sturm; Wetter
flūctus, ūs *m.*	(Meeres-)Woge, Flut
15 nāvis, is *f.*	Schiff
perīre, pereō, periī, –	zugrunde gehen
aegrē *Adv.*	kaum; mit Mühe
ubī(?)	wo(?)
rēgīna, ae *f.*	Königin
20 rēgnāre, rēgnō	regieren, herrschen
ubī (prīmum)	sobald
aedificāre, aedificō	bauen
vīvere, vīvō, vīxī, –	leben
domus, ūs *f.*	Haus
domum	nach Hause *(vgl. Lekt. 10)*
domī *Lokativ*	zu Hause
domō	von zu Hause
25 aliquandō *Adv.*	einst, irgendwann
nūntius, ī *m.*	Bote, Botschaft
an?	oder (etwa)?
gēns, gentis *f.*	Volk(sstamm); (vornehme) Familie
quīn etiam	ja sogar
30 maestus, a, um	traurig
reverentia, ae *f.*	Ehrfurcht, Respekt
pārēre, pāreō, pāruī, –	gehorchen
manus, ūs *f.*	Hand; Schar
saevus, a, um	grausam
35 permittere, mittō, mīsī, (missum)	erlauben, zulassen
ingrātus, a, um	undankbar
falsus, a, um	falsch; treulos
rīsus, ūs *m.*	Lachen, Gelächter; Spott

Ordnen Sie folgende Lehn- und Fremdwörter sowie die Wörter aus dem Englischen und Französischen oben stehenden Vokabeln zu. Überlegen Sie jeweils auch, ob und ggf. wie sich ihre Bedeutung verändert hat.

la révérence – permettre – social, e – (the) manual – *permissiv* – régner – vivre – false – *Domäne* – social – permission – *Navigationssystem* – faux, se – vivid – la tempête – les gens – *Nuntius* – *Manufaktur* – *Patriot* – dome – flood – *parieren* – to reign – la permission – la patrie – edifice – *Reverenz* – la main – conspicious – navy – la reine – le dôme – *manuell* – *Sozius* – un édifice – to permit – *Dom* – reverence – *falsifizieren* – sozial – tempest – *Gentilname* – patriotic.

Lektion 12

Stammformen bereits gelernter Vokabeln

iubēre, iubeō, iussī, (iussum)	beauftragen, befehlen
rīdēre, rīdeō, rīsī, (rīsum)	lachen
pōnere, pōnō, posuī, (positum)	setzen, stellen, legen

Eigennamen

Alba, ae *f.*	*älteste latinische Stadt, Heimat des Romulus und Remus*
Aventīnus, ī *m.*	Aventin *(einer der sieben Hügel Roms)*
Aventīnus, a, um	aventinisch
Numitor, ōris *m.*	*König von Alba, Großvater des Romulus und Remus*
Palātium, ī *n.*	Palatin *(einer der sieben Hügel Roms)*
Palātīnus, a, um	palatinisch
Remūria, ae *f.*	Remuria *(Ort auf der Spitze des aventinischen Hügels)*
Remus, ī *m.*	Remus *(Zwillingsbruder des Romulus)*
Rōma, ae *f.*	Rom
Rōmulus, ī *m.*	*Gründer und erster König Roms*

oppidum, ī *n.*	(befestigte) Siedlung, (kleine) Stadt
habitāre, habitō	wohnen
condere, condō, condidī, (conditum)	gründen
ille, illa, illud	jener, jene, jenes
5 hic, haec, hoc	dieser, diese, dieses
idōneus, a, um	geeignet
regiō, iōnis *f.*	Gebiet
ingenium, iī *n.*	Anlage, Begabung, Talent
audācia, ae *f.*	Kühnheit
10 frāter, tris *m.*	Bruder
prīncipātus, ūs *m.*	führende Stellung, Vorrang
certāre, certō	(wett-)kämpfen, streiten
iste, ista, istud	dieser (da), diese (da), dieses (da)
contrōversia, ae *f.*	Streit, Meinungsverschiedenheit

15	finīre	beenden
	quia	weil
	cupīdō, inis *f.*	Begierde, Leidenschaft
	invādere, invādo, invāsī, (invāsum)	eindringen, einfallen; angreifen
	avus, ī *m.*	Großvater
20	antīquus, a, um	alt, altertümlich
	facere, faciō, fēcī, (factum)	machen, tun; herstellen
	numerus, ī *m.*	Anzahl
	certus, a, um	sicher, bestimmt
	certē *Adv.*	sicher, bestimmt
25	igitur	also
	mox *Adv.*	bald (darauf)
	sex	sechs
	advolāre, volō	herbeifliegen
	multitūdō, inis *f.*	Menge, Masse
30	duodecim	zwölf
	cōnsentīre, cōnsentiō, cōnsēnsī, (cōnsēnsum)	übereinstimmen, einer Meinung sein
	bōs, bovis *m.*	Rind, Ochse
	iugum, ī *n.*	Joch
	impōnere, impōnō, imposuī, (impositum)	auf *etw.* setzen, stellen, legen
35	incipere, incipiō, coepī, (coeptum)	anfangen, beginnen
	sēdēs, is *f.*	Sitz, Wohnsitz
	fīnis, is *m.*	*Sg.*: Grenze, Ende; *Pl.*: Gebiet
	noster, nostra, nostrum	unser
	hostis, is *m.*	Feind
40	trānsīre, trānseō, trānsiī, (trānsitum)	(hin)übergehen; überschreiten
	ūnus, a, um	ein, einer
	vix *Adv.*	kaum
	stringere, stringō, strīnxī, (strictum)	(eine Waffe) ziehen, zücken
	modus, ī *m.*	Art und Weise; Maß
45	dēfendere, dēfendō, dēfendī, (dēfensum)	abwehren, verteidigen

Ordnen Sie folgende Lehn- und Fremdwörter sowie die Wörter aus dem Englischen und Französischen oben stehenden Vokabeln zu. Überlegen Sie jeweils auch, ob und ggf. wie sich ihre Bedeutung verändert hat.

Defensive – multitude – to finish – antique – *Zertifikat* – une invasion – mode – sixty – *regional* – *genetisch* – hostile – une audace – consentir – imposer – finir – fraternal – notre – *Prinz* – *Kontroverse* – *Transitvisum* – controversy – *finites Verb* – *Invasion* – *imposant* – *antik* – factory – *Nummer* – faire – certain – le nombre – six – la multitude –

to consent – le bœuf – to impose – *Finale* – la région – to defend – final – le frère – la fin – region – hostility – certain, e – *Konsens* – *stringent* – *modal* – *fraternisieren* – le mode – *Ingenieur* – la mode – la controverse – défendre – habiter – *Region* – *Gen* – douze – *Sexta* – *Antike* – invasion – number.

Lektion 13

Eigennamen

Aulus, ī *m.*
Camilla, ae *f.*
Lūcius, ī *m.*
Mārcus, ī *m.*

cōgere, cōgō, coēgī, coāctum	zusammentreiben; zwingen
quō modo?	auf welche Weise?
ager, agrī *m.*	Acker, Feld
nescīre, nesciō	nicht wissen
5 necesse est	es ist notwendig
terrēre, terreō, terruī, territum	erschrecken
ipse, ipsa, ipsum	selbst, gerade
petere, petō, petīvī/petiī, (petītum)	suchen, aufsuchen, erbitten
petere aliquid ab amīcō	einen Freund um etw. bitten
avārus, a, um	habsüchtig, gierig
10 agricola, ae **m.**	Bauer
pretium, ī *n.*	Preis, Wert; Geld
perdere, perdō, perdidī, (perditum)	zugrunde richten, vernichten
bellum, ī *n.*	Krieg
cīvis, is *m. und f.*	Bürger, Bürgerin
15 mīles, itis *m.*	Soldat
colere, colō, coluī, (cultum)	bebauen; pflegen; verehren
līberī, ōrum *m.*	Kinder
ēducāre, ēducō	aufziehen, erziehen
sitis, is *f.*, *Akk.*: sitim, *Abl.*: sitī	Durst
20 famēs, is *f.*	Hunger
dēpellere, dēpellō, dēpulī, (dēpulsum)	vertreiben
in diēs	von Tag zu Tag
māior, ōris	größer
vexāre, vexō	quälen
25 auxilium, ī *n.*	Hilfe
servāre, servō	retten, bewahren
dēlēre, dēleō, dēlēvī, (dēlētum)	zerstören
crūdēlitās, ātis *f.*	Grausamkeit

eques, itis *m.*	Reiter, Ritter
30 pedes, itis *m.*	Fußsoldat, Infanterist
glōria, ae *f.*	Ruhm
cōnstāre, cōnstō, cōnstitī, –	kosten
mittere, mittō, mīsī, (missum)	loslassen, schicken
alter, altera, alterum	der eine (von beiden), der andere
35 crās *Adv.*	morgen
dīligere, dīligō, dīlēxī, (dīlēctum)	schätzen, lieben
fortasse *Adv.*	vielleicht
causā *(nachgestellt) m. Gen.*	wegen, um … willen

Ordnen Sie folgende Lehn- und Fremdwörter sowie die Wörter aus dem Englischen und Französischen oben stehenden Vokabeln zu. Überlegen Sie jeweils auch, ob und ggf. wie sich ihre Bedeutung verändert hat.

glorios – agricultural – *Missionar* – *Preziosen* – la culture – terrifier – *Petition* – mettre – petition – *Mission* – to educate – la faim – *Appetit* – to delete – cruelty – le prix – militaire – une agriculture – la gloire – *Militär* – auxiliary – conserver – cruel, le – to terrify – *konservativ* – *Major* – culture – price – exit – la pétition – *Konserve* – majeur, e – vexer – une éducation – glory – agricole – civil, e – conservative – *Kultur* – mayor – avare – *Zivilbevölkerung* – mission – perdition – la nécessité – because – *Pedal* – *Exitus* – military – civil.

Lektion 14

Stammformen bereits gelernter Vokabeln

capere, capiō, cēpī, captum	fassen, fangen
opprimere, opprimō, oppressī, oppressum	überfallen; niederdrücken
afficere, afficiō, affēcī, affectum. *m. Abl.*	*mit etw.* versehen
vendere, vendō, vendidī, venditum	verkaufen
commovēre, commoveō, commōvī, commōtum	(innerlich) bewegen

Eigennamen

Alesia, ae *f.*	*Stadt in Gallien*
Arvernī, ōrum *m.*	*Volk der Gallier in der heutigen Auvergne*
D. (= Decimus) Aurēlius Scaurus, D. (= Decimī) Aurēliī Scaurī *m.*	*Angehöriger des T. Aurelius Scaurus*
Gāius Iūlius Caesar, Gāī Iūliī Caesaris *m.*	*römischer Politiker (100–44 v. Chr.), Prokonsul in Gallien*
Gallī, ōrum *m.*	Gallier
Gallia, ae *f.*	Gallien

Rōma, ae *f.*	Rom
T. (= Titus) Aurēlius Scaurus, T. (= Titī) Aurēliī Scaurī *m.*	*Offizier im Heer Caesars*
Vercingetorīx, Vercingetorīgis *m.*	*König der Arverner*
dux, ducis *m.*	Führer, Heerführer
cōpia, ae *f.*	Vorrat, Menge
cōpiae, ārum *f.*	Truppen
redūcere, redūcō, redūxī, reductum	zurückführen
praesidium, ī *n.*	Schutztruppe, Posten
5 obsīdere, obsīdō, obsēdī, obsessum	besetzen
interficere, interficiō, interfēcī, interfectum	töten
salūtem dīcere, dīcō, dīxī, dictum	grüßen
praeclārus, a, um	herrlich; berühmt
obsidiō, ōnis *f.*	Belagerung
10 malus, a, um	schlecht
īgnāvus, a, um	träge; feige
quīdam, quaedam, quoddam *adj.*	ein gewisser, (irgend)ein
quīdam, quaedam, quiddam *subst.*	jemand, etwas; *Pl.:* einige
15 gerere, gerō, gessī, gestum	tragen; (aus)führen
bellum gerere	Krieg führen
vērē *Adv.*	wirklich, tatsächlich
scītō	du musst/sollst wissen
situs, a, um	gelegen, liegend
20 mūnītiō, ōnis *f.*	Befestigung; Schanzarbeit
turris, is *f.* (*Akk.* turrim, *Abl.* turrī)	Turm
exstruere, exstruō, exstrūxī, exstrūctum	aufbauen, errichten
repellere, repellō, reppulī, repulsum	zurückschlagen
dēnique *Adv.*	schließlich, endlich
25 dēdere, dēdō, dēdidī, dēditum	übergeben, ausliefern
honor, ōris *m.*	Ehre, Ehrung
quam	wie; *nach Komparativ:* als
requiēscere, requiēscō, requiēvī, requiētum	sich ausruhen
cōnficere, cōnficiō, cōnfēcī, cōnfectum	zustande bringen, vollenden; erschöpfen
30 tollere, tollō, sustulī, sublātum	auf-, emporheben; beseitigen
quasi *Adv.*	gleichsam, wie
onerāre, onerō	belasten, beladen
proelium, ī *n.*	Schlacht, Gefecht

	committere, committō, commīsī, commissum	veranstalten; anvertrauen
	proelium committere	ein Gefecht beginnen/schlagen
35	etsī	auch wenn
	quot(?)	wie viele(?)
	vulnerāre, vulnerō	verwunden, verletzen
	caedere, caedō, cecīdī, caesum	fällen; töten
	āmittere, āmittō, āmīsī, āmissum	verlieren
40	explōrāre, explōrō	erkunden, erforschen
	quantus, a, um(?)	wie groß(?), wie viel(?)

Ordnen Sie folgende Lehn- und Fremdwörter sowie die Wörter aus dem Englischen und Französischen oben stehenden Vokabeln zu. Überlegen Sie jeweils auch, ob und ggf. wie sich ihre Bedeutung verändert hat.

Munition – quantity – *Malus* – un explorateur – confection – *reduzieren* – *honorieren* – *obsessiv* – mal – gérer – véritable – le site – munir – quota – honorer – *Konfektion* – réduire – la confiserie – *quasi* – *Kommission* – president – *Kommissar* – to be obsessed – *Konfekt* – *kommissarisch* – confectionner – to commit – la présidence – *Quotient* – la quantité – *Obsession* – *Quote* – site – to verify – le quota – vulnerable – honour – une obsession – vulnérable – *explorieren* – *Requiem* – to repel – explorer – *Quantität* – to reduce – *quantifizieren* – la tour – *Präsidium* – *verifizieren* – quasiment – commettre.

Lektion 15

Eigennamen

Aesculāpius, ī *m.*	*Gott der Heilkunde*
Agrigentīnī, ōrum *m.*	*Einwohner von Agrigent*
Agrigentum, ī *n.*	*Agrigent; Stadt an der Südküste Siziliens*
Alesia, ae *f.*	*Stadt in Gallien*
aper Erymanthius, aprī Erymanthiī *m.*	*Erymanthischer Eber; als vierte seiner Arbeiten musste Herkules einen großen, gefährlichen Eber im Erymanthos, einem Gebirge in Arkadien, erlegen*
Apollō, inis *m.*	*Gott der Wissenschaften, der Weissagung und der Künste*
Arvernī, ōrum *m.*	*Volk der Gallier in der heutigen Auvergne*
Gallī, ōrum *m.*	Gallier
Herculēs *m.*	*Sohn des Iuppiter; Halbgott; Held der Tapferkeit und Stärke*
Sicilia, ae *f.*	Sizilien
Siculus, ī *m.*	*Bewohner Siziliens*
Siculus, a, um	sizilianisch
Timarchidēs, is *m.*	*Gehilfe des Verres*
Vercingetorīx, Vercingetorīgis *m.*	*König der Arverner*
Verrēs, is *m.*	*Proprätor in Sizilien (73–71 v. Chr.)*

appellāre, appellō	nennen
morbus, ī *m.*	Krankheit
negāre, negō	verneinen, bestreiten
ūllus, a, um	irgendein
5 vās, vāsis *n.*	Gefäß
sīgnum, ī *n.*	Zeichen *(vgl. Lekt. 6)*; Götterbild, Statue
prōvincia, ae *f.*	Provinz
aedēs, is *f.*	*Sg.:* Tempel; *Pl.:* Wohnhaus
fānum, ī *n.*	Heiligtum, Tempel
10 aliquis, aliqua, aliquid *subst.*	irgendeiner, irgendeine, irgendetwas; jemand, etwas
aliquī, aliqua(e), aliquod *adj.*	irgendein, irgendeine, irgendein
tot *undekliniert*	so viele
cupidus, a, um	(be)gierig
improbus, a, um	schlecht, unredlich; unverschämt
auferre, auferō, abstulī, ablātum	wegtragen, wegschaffen
15 templum, ī *n.*	Tempel
scelus, eris *n.*	Verbrechen
scelus committere	ein Verbrechen begehen
nefārius, a, um	frevelhaft, verbrecherisch
sacer, cra, crum	heilig
noctū *Adv.*	nachts
20 propter *m. Akk.*	wegen
honestus, a, um	ehrenhaft
palam *Adv.*	offen, vor aller Augen
poscere, poscō, poposcī, –	fordern
longē *Adv.*	weit, fern
25 sānctus, a, um	heilig
religiōsus, a, um	ehrwürdig, verehrt
aes, aeris *n.*	Erz, Bronze
simulācrum, ī *n.*	(Stand-) Bild
auctor, ōris *m.*	Urheber, Veranlasser, Anstifter; Schriftsteller
30 armātus, a, um	bewaffnet
concursus, ūs *m.*	das Zusammenlaufen; Angriff
impetus, ūs *m.*	Angriff, Ansturm, Überfall
cūstōs, ōdis *m.*	Wächter
fāma, ae *f.*	Ruf; Gerücht
35 patrius, a, um	väterlich, angestammt
excitāre, excitō	aufwecken, antreiben
tēlum, ī *n.*	Waffe
offerre, offerō, obtulī, oblātum	anbieten
ferre, ferō, tulī, lātum	bringen, tragen; ertragen
40 duo, duae, duo	zwei
āiō, āis, āit, āiunt; *Imperf.:* āiēbam	sagen
minus *Adv.*	weniger
referre, referō, rettulī, relātum	bringen; berichten
referre in aliquid	unter etw. verbuchen
oportet, oportuit (*Inf.:* oportēre)	es ist nötig

Ordnen Sie folgende Lehn- und Fremdwörter sowie die Wörter aus dem Englischen und Französischen oben stehenden Vokabeln zu. Überlegen Sie jeweils auch, ob und ggf. wie sich ihre Bedeutung verändert hat.

honest – deux – exciter – province – *Minorität* – armé, e – le temple – saint – famous – *konkurrieren* – *sakral* – to appeal – morbid – *Negation* – honnête – *offerieren* – negative – army – long, longue – le vase – *Signal* – *provinziell* – référer – minority – la province – *profan* – *famos* – la cupidité – temple – sacred – *Vase* – honett – long – concourir – *Sankt Peter* – saint, e – *religiös* – profane – religieux, se – *Autor* – *Armee* – to refer – *Konkurs* – sign – to concur – impetus – *Kustos* – *Vase* – *morbid* – custodian – fameux, se – *Patriarch* – author – paternel, le – to excite – appeler – morbide – *Oblate* – *Vase* – *Duo* – sacré – la minorité – *Referat* – la négation – *referieren* – religious – *appellieren* – le signe – un auteur – paternal – *Dualität* – une impétuosité.

Lektion 16

Eigennamen

Italia, ae *f.*	Italien
Rōma, ae *f.*	Rom
Tiberius Semprōnius Gracchus, ī *m.*	*Volkstribun (ca. 162–133 v. Chr.)*

convocāre, vocō	zusammenrufen
Quirītēs!, Quirītium *m.*	Bürger! *(Anrede an die röm. Bürger)*
nūper *Adv.*	neulich
iter, itineris *n.*	Weg, Reise
5 dēserere, serō, seruī, sertum	verlassen, im Stich lassen
incultus, a, um	unbebaut, brachliegend
ingēns, ingentis	riesig
aliēnus, a, um	fremd
bēstia, ae *f.*	(wildes) Tier
10 prō *m. Abl.*	für; anstelle von
ācer, ācris, ācre	scharf, heftig, erbittert
expellere, pellō, pulī, pulsum	vertreiben
vel	oder
patricius, ī *m.*	Patrizier
15 difficilis, e	schwer, schwierig
indīgnus, a, um	unwürdig
necessārius, a, um	notwendig
carēre, careō, caruī, – *m. Abl.*	entbehren
servīre, serviō, –, –	dienen, Sklave sein
20 omnis, e	ganz, jeder; *Pl.:* alle
plūs, plūris	mehr
avāritia, ae *f.*	Habgier
dīves, dīvitis (*Abl. Sg.* dīvite, *Gen. Pl.* dīvitum)	reich

lēx, lēgis *f.*	Gesetz
25 opus, operis *n.*	Werk
opus est *m. Abl.*	*(eine Sache)* ist nötig
praemium, ī *n.*	Belohnung
obtinēre, tineō, tinuī, tentum	erhalten, bekommen
alere, alō, aluī, altum	ernähren
sēcūrus, a, um	sorglos, sicher
30 obsecrāre, obsecrō	beschwören, dringend bitten
tribūnus, ī *m.*	Tribun *(röm. Beamter)*
tribūnus plēbis, tribūnī plēbis *m.*	Volkstribun
creāre, creō	wählen; erschaffen
miseria, ae *f.*	Unglück, Elend
vacuus, a, um *m. Abl.*	leer, frei *von*
35 reddere, reddō, reddidī, redditum	zurückgeben
brevis, e	kurz
fēlīx, fēlīcis	glücklich
lībertās, lībertātis *f.*	Freiheit
40 dīgnitās, dīgnitātis *f.*	Würde
dīgnus, a, um *m. Abl.*	*einer Sache* würdig

Ordnen Sie folgende Lehn- und Fremdwörter sowie die Wörter aus dem Englischen und Französischen oben stehenden Vokabeln zu. Überlegen Sie jeweils auch, ob und ggf. wie sich ihre Bedeutung verändert hat.

misery – la liberté – *Kreatur* – *Deserteur* – la bête – *prokommunistisch* – *Serviette* – âcre – to expel – difficult – *Brevier* – indigne – nécessaire – *Karenzzeit* – *Service* – *Omnibus* – plural – avare – *Legislative* – un itinéraire – legal – dignity – la loi – *Opus Dei* – convoquer – une œuvre – *prämieren* – alien – brevity – premium – to obtain – beast – *alimentieren* – to desert – sure – acrid – *liberal* – security – sûr, e – le serviteur – la sécurité – *Tribunal* – tribune – itinerary – le tribunal – *kreieren* – necesserary – to serve – la création – digne – *Misere* – créer – le pluriel – la misère – *Vakuum* – légitime – avaricious – *omnipräsent* – *legal* – la carence – *vakant* – server – vacancy – *Pluspunkt* – les vacances – rendre – *diffizil* – brièvement – felicity – *servieren* – une alimentation – féliciter – liberty – to dignify – *bestialisch* – la dignité – déserter – *Nessessär* – *omnipotent* – obtenir – to create – *Felizitas*.

Lektion 17

Eigennamen

Actē, ēs *f.*	*Geliebte Neros*
Lūsitānia, ae *f.*	Lusitanien; *röm. Provinz im Südwesten der Pyrenäenhalbinsel*
Nerō, ōnis *m.*	*röm. Kaiser (reg. 54–68 n. Chr.)*

Lektion 17

Othō, ōnis *m.*	*zweiter Ehemann der Sabina Poppaea, für kurze Zeit Nachfolger Neros auf dem Kaiserthron (69 n. Chr.)*
Rufrius Crīspīnus, Rufriī Crīspīnī *m.*	*röm. Ritter, erster Ehemann der Sabina Poppaea*
Sabīna Poppaea, Sabīnae Poppaeae *f.*	*vornehme Römerin, in dritter Ehe mit Kaiser Nero verheiratet*
cīvitās, ātis *f.*	Bürgerschaft, Stadt, Staat
praeter *m. Akk.*	außer
sermō, ōnis *m.*	Gespräch, Rede; Sprache
cōmis, e	freundlich, charmant
5 nec (= neque)	und nicht, auch nicht, aber nicht
modestia, ae *f.*	Bescheidenheit, Mäßigung
praeferre, ferō, tulī, lātum	(nach außen hin) zeigen
ut *m. Konj.*	dass, damit
prīvātus, a, um	privat, persönlich
10 vitium, ī *n.*	Fehler, Laster
facilius *Adv.*	leichter
rārō *Adv.*	selten
vēlāre, vēlō	verhüllen, verdecken
nē *m. Konj.*	dass nicht, damit nicht
15 nūbere, nūbō, nūpsī, nūptum *m. Dat.*	jdn. heiraten *(von der Frau aus gesehen)*
fōrma, ae *f.*	Gestalt, Form; Schönheit
iuventūs, tūtis *f.*	Jugend
prīnceps, prīncipis *m.*	der Erste, Anführer; *adj.:* erster; *Titel der röm. Kaiser*
comes, comitis *m., f.*	Begleiter(in)
20 fēlīcitās, ātis *f.*	Glück
admīrātiō, ōnis *f.*	Bewunderung
optāre, optō	wünschen
invidia, ae *f.*	Neid
accendere, cendō, cendī, cēnsum	anzünden, entzünden, entflammen
25 marītus, ī *m.*	Ehemann
aureus, a, um	golden
simulāre, simulō	vortäuschen; so tun, als ob
ars, artis *f.*	Kunst
utinam *m. Konj.*	wenn doch, hoffentlich
(utinam) nē *m. Konj.*	wenn nur nicht, hoffentlich nicht
30 cupiditās, ātis *f.*	Begierde, Leidenschaft
umquam *Adv.*	je(mals)
timēre, timeō, timuī, –, nē	fürchten, dass
timēre, ut	fürchten, dass nicht
offendere, fendō, fendī, fēnsum	verletzen, beleidigen
genus, eris *n.*	Geschlecht, Art
35 cultus, ūs *m.*	Pflege; Verehrung; Lebensart

sordidus, a, um	schmutzig, gemein
praeficere, ficiō, fēcī, fectum *m. Dat.*	an die Spitze stellen
prohibēre, hibeō, hibuī, hibitum, nē	verhindern, dass
aemulus, ī *m.*	Nebenbuhler, Rivale
40 mātrimōnium, ī *n.*	Ehe
dūcere, dūcō, dūxī, ductum	führen
in mātrimōnium dūcere	heiraten *(vom Mann aus gesehen)*
nōn numquam *Adv.*	manchmal
numquam nōn *Adv.*	immer

Ordnen Sie folgende Lehn- und Fremdwörter sowie die Wörter aus dem Englischen und Französischen oben stehenden Vokabeln zu. Überlegen Sie jeweils auch, ob und ggf. wie sich ihre Bedeutung verändert hat.

Option – *Präfekt* – le genre – cultural – *Präferenz* – rare – *reduzieren* – une envie – to simulate – to prohibit – la cité – *modest* – la félicité – matrimony – modeste – to prefer – *Privatier* – vice – facile – rare – to reveal – *formal* – prefect – form – gender – simuler – la forme – *juvenil* – *Felizitas* – to admire – une option – envy – marriage – l'or *m.* – *Simulant* – *Artist* – le sermon – *artifiziell* – le vice – art – privé, e – sermon – un art – la cupidité – facility – timide – to offend – private – modesty – offenser – *Genre* – *Rarität* – *Kultur* – préférer – le culte – sordid – voiler – le préfet – city – felicity – une admiration – option – *Kult* – un émulateur – matrimonial, e – to introduce – réduire – *Sermon* – le mari – timid – *Offensive* – sordide.

Lektion 18

Stammformen bereits gelernter Vokabeln

flēre, fleō, flēvī, flētum	weinen
advenīre, veniō, vēnī, ventum	ankommen, sich nähern

Eigennamen

Cerberus, ī *m.*	*dreiköpfiger Höllenhund, der den Eingang in die Unterwelt bewacht*
Lūcīlius, ī *m.*	*Freund und Briefpartner Senecas*
Nerō, ōnis *m.*	*röm. Kaiser 54–68 n. Chr.*
Orcus, ī *m.*	Unterwelt
Paulīna, ae *f.*	*Ehefrau Senecas*
Rōma, ae *f.*	Rom
Seneca, ae ***m.***	*römischer Staatsmann und Philosoph (um 4 v. Chr. – 65 n. Chr.)*

imperītus, a, um	unerfahren
ut *m. Konj.*	dass, damit *(vgl. Lekt. 17)*; (so)dass
ut (nōn) *m. Konj.*	(so)dass nicht

Lektion 18

	cōnscius, a, um	bewusst, mitwissend
	obīre, eō, iī, itum	entgegengehen
5	mortem obīre	sterben
	accēdere, cēdō, cēssī, cessum	herankommen, sich nähern
	stultissimus, a, um	dümmster, sehr dumm
	stultus, a, um	dumm
	mīlle, *Pl.* mīlia, mīlium *n.*	tausend
10	aequē *Adv.*	in gleicher Weise, ebenso
	pār, paris	gleich
	restāre, restō, restitī, –	übrig bleiben
	puer, puerī *m.*	Junge
	tenebrae, ārum *f.*	Dunkelheit, Finsternis
15	melior, melius; *Gen.* meliōris	besser
	onus, oneris *n.*	Last
	dētrahere, trahō, trāxī, tractum	wegziehen, -nehmen
	pariter *Adv.*	gleich, in gleicher Weise
	hōra, ae *f.*	Stunde
20	aequus, a, um	gleich; gerecht
	aequus animus, aequī animī *m.*	Gelassenheit, Gleichmut
	satis *Adv.*	genug
	fātum, ī *n.*	Schicksal
	multum *Adv.*	viel
	contrā *m. Akk.*	gegen
25	philosophus, ī *m.*	Philosoph
	damnāre, damnō	verurteilen
	capitis damnāre	zum Tode verurteilen
	afferre, afferō, attulī, allātum	herbeibringen
	praestat	es ist besser
	aliquem certiōrem facere dē	jdn. benachrichtigen über, mitteilen
30	retinēre, tineō, tinuī, tentum	zurückhalten
	dēspērāre, dēspērō	verzweifeln
	praeceptum, ī *n.*	Vorschrift, (An-)Weisung
	memor, memoris *m. Gen.*	sich erinnernd, denkend an
	philosophia, ae *f.*	Philosophie
35	docēre, doceō, docuī, doctum	lehren
	ferrum, ī *n.*	Eisen, Schwert
	senectūs, tūtis *f.*	(hohes) Alter
	venēnum, ī *n.*	Gift
	efficere, ficiō, fēcī, fectum	bewirken, hervorbringen
40	postrēmō *Adv.*	schließlich

Ordnen Sie folgende Lehn- und Fremdwörter sowie die Wörter aus dem Englischen und Französischen oben stehenden Vokabeln zu. Überlegen Sie jeweils auch, ob und ggf. wie sich ihre Bedeutung verändert hat.

multiple – *verdammen* – sénile – to remember – la fatalité – effect – satisfaction – *Doktor* – *Millennium* – la mémoire – *effektiv* – to condemn – desperate – conscious – accéder – *paritätische*

Mitbestimmung – hour – rester – meilleur, e – *memorieren* – améliorer – *Horologium* – doctor – les ténèbres *f.* – une heure – to equalize – *Retention* – to detract – un effet – *Satisfaktion* – *Fatalismus* – *multiplizieren* – parity – multicolore – contradiction – *Rest* – fate – contre – senile – condamner – to retain – rest – access – retenir – désespérer – precept – la paire – le précepte – *Memorandum* – *fatal* – puéril, e – *Memento mori* – *Kontraindikation* – to commemorate – docile – *Ferrit* – onéreux, se – le fer – *Senilität* – *effizient* – la conscience – mille – *Dozent* – satisfaire – *Multimillionär* – vénéneux, se.

Lektion 19

Eigennamen

Mārcus Tullius Cicerō, Mārcī Tulliī Cicerōnis *m.*	Marcus Tullius Cicero, *röm. Politiker und Schriftsteller (106–43 v. Chr.)*
Epicūrēus, ī *m.*	Epikureer, *Anhänger der Philosophie Epikurs*
Epicūrus, ī *m.*	*griech. Philosoph (342–270 v. Chr.)*
Sextus, ī *m.*	*röm. Senator*
Titus, ī *m.*	

cum *m. Konj.*	als, nachdem; weil; obwohl
cum *m. Ind.*	als, wenn; immer wenn; als plötzlich
obviam *Adv.*	entgegen
cōnsistere, sistō, stitī, –	Halt machen, stehen bleiben
tantopere *Adv.*	so sehr
5 quō?	wohin?
lūcēre, lūceō, lūxī, –	leuchten, scheinen
senātus, ūs *m.*	Senat
quārē?	warum?
molestia, ae *f.*	Unbehagen, Ärger
10 sollicitāre, sollicitō	beunruhigen
tranquillitās, ātis *f.*	Ruhe
bibere, bibō, bibī, –	trinken
officium, iī *n.*	Pflicht, Dienst
implēre, pleō, plēvī, plētum	erfüllen
15 vērō	aber
nisī	wenn nicht
nihil nisī	nichts außer
voluptās, ātis *f.*	Vergnügen, Lust
liber, librī *m.*	Buch
īnscrībere, scrībō, scrīpsī, scrīptum	mit einer Inschrift versehen, betiteln
20 ferē *Adv.*	ungefähr, etwa
gignere, gignō, genuī, genitum	erzeugen, hervorbringen
tantum *Adv.*	nur
commodum, ī *n.*	Vorteil
tranquillus, a, um	ruhig

25	quiēs, ētis *f.*	Ruhe
	suppeditāre, suppeditō	zur Verfügung stellen
	plūrimī, ae, a	die meisten
	ūtilitās, ātis *f.*	Nutzen
	nūllus, a, um	kein
30	ad rem pūblicam accēdere, accēdō	sich der Politik widmen, sich politisch betätigen
	adversārius, ī *m.*	Gegner
	incitāre, incitō	antreiben, erregen, aufhetzen
	contumēlia, ae *f.*	Beleidigung
	subīre, eō, iī, itum	unter etw. gehen, auf sich nehmen
35	ita *Adv.*	so
	sapiēns, ntis	weise
	contrārius, a, um	gegenüberliegend
	ē contrāriō	im Gegenteil
	cārissimus, a, um	liebster, teuerster
	lacerāre, lacerō	zerreißen, zerfleischen

Ordnen Sie folgende Lehn- und Fremdwörter sowie die Wörter aus dem Englischen und Französischen oben stehenden Vokabeln zu. Überlegen Sie jeweils auch, ob und ggf. wie sich ihre Bedeutung verändert hat.

quiet – *konträr* – inscription – library – *Generation* – officer – contrary – *Null* – une utilité – luire – senate – tranquillity – un office – to implement – la librairie – *Genitalien* – to generate – tranquille – générer – *Kommode* – molester – lacérer – commode – *Quietismus* – konsistent – *Pluralität* – voluptuous – la pluralité – *utilitaristisch* – *Tranquilizer* – utility – to nullify – la volupté – nul, le – *Adversativsatz* – le livre – inscrire – to incite – adversary – *annullieren* – un adversaire – inciter – subir – le sénat – *molestieren* – *Exlibris* – la quiétude – *Homo sapiens* – contraire – to lacerate – *offiziell* – *Genese* – to molest.

Lektion 20

Stammformen bereits gelernter Vokabeln

	venīre, veniō, vēnī, ventum	kommen
	scīre, sciō, scīvī *u.* sciī, scītum	wissen
	manēre, maneō, mānsī, mānsum	bleiben
	cōnsuētūdō, dinis *f.*	Gewohnheit
	faber, fabrī *m.*	Handwerker
	sella, ae *f.*	Stuhl, Sessel
	vesper, vesperī *m.*	Abend
	vesperī	am Abend, abends
5	rādere, rādō, rāsī, rāsum	rasieren
	nummus, ī *m.*	Münze
	repōnere, pōnō, posuī, positum	zurückbringen, -stellen

	appārēre, pāreō, pāruī, –	erscheinen
	sērō *Adv.*	(zu) spät
10	(in) tempore	rechtzeitig
	misericordia, ae *f.*	Mitleid
	īdem, eadem, idem	derselbe
	grātuītō *Adv.*	unentgeltlich, umsonst
	procāx, ācis	frech, unverschämt
15	melius *Adv.*	besser
	tractāre, tractō	behandeln
	barba, ae *f.*	Bart
	tondēre, tondeō, totondī, tōnsum	scheren, abrasieren
	iuvenis, is *m.*	junger Mann
20	mōs, mōris *m.*	Sitte
	mōre	nach (der) Sitte
	pila, ae *f.*	Ball
	summus, a, um	höchster
	studium, ī *n.*	Eifer, Beschäftigung; Studium
25	currere, currō, cucurrī, cursum	laufen
	iactāre, iactō	werfen
	exsultāre, exsultō	jubeln, ausgelassen sein
	volāre, volō	fliegen
	iūs, iūris *n.*	Recht
30	accūsāre, accūsō (dē)	anklagen (wegen)
	iūdicium, iī *n.*	Urteil, Gericht; Meinung
	iūdex, dicis *m.*	Richter
	causa, ae *f.*	Fall; Grund, Ursache *(vgl. Lekt. 7)*
	respondēre, spondeō, spondī, spōnsum	antworten; Bescheid geben
35	iniūria, ae *f.*	Unrecht, Ungerechtigkeit
	cēnsēre, cēnseō, cēnsuī, cēnsum	meinen
	perīculōsus, a, um	gefährlich
	culpa, ae *f.*	Schuld

Ordnen Sie folgende Lehn- und Fremdwörter sowie die Wörter aus dem Englischen und Französischen oben stehenden Vokabeln zu. Überlegen Sie jeweils auch, ob und ggf. wie sich ihre Bedeutung verändert hat.

courir – la somme – *Barbar* – pill – la culpabilité – *Student* – *Zensur* – *identisch* – le juriste – *kursorisch* – *Fabrik* – judgement – apparaître – voler – répondre – injury – la miséricorde – to identify – *Traktat* – sum – le juge – tract – la barbe – *Tonsur* – *juvenil* – *Mores lehren* – la pilule – *summa cum laude* – *studieren* – to censor – study – les études *f.* – *Kurs* – *Exsultate* – fabriquer – to exult – *vespern* – exulter – *Voliere* – raser – le vol – *Jura-Studium* – jurisdiction – *Tabula rasa* – razor-blade – la jurisprudence – *Akkusativ* – une identification – accusation – *Barbier* – mieux – judge – la selle – le jugement – to respond – traiter – juvénile – responsibility – to appear – responsable – *Injurie* – cursory – *Jurist* – une injure – *zensieren* – *Pille* – la censure – périlleux, se – culpable – to fabricate – *Identität* – *Judikative* – accuser – les mœurs *f.* – barbarous – *Summe* – jury.

Lektion 21

Eigennamen

Aegyptus, ī f.	Ägypten
Epicūrēus, ī m.	Epikureer, *Anhänger der Philosophie Epikurs*
Hispānia, ae f.	Spanien
Italia, ae f.	Italien
Pontus, ī m.	*Gebiet um das Schwarze Meer*
Rōma, ae f.	Rom
Sextus, ī m.	*röm. Senator*
Titus, ī m.	*Bekannter des Sextus*
Vitrūvius, ī m.	*Architekt und Ingenieur, lebte zur Zeit Caesars und des Augustus; Verfasser des zehnbändigen Werks De architectura*

	sextus, a, um	sechster
	explicāre, explicō	erklären, ausführen
	rēctē *Adv.*	richtig
	dispōnere, pōnō, posuī, positum	verteilen, ordnen, anlegen
5	prīmō *Adv.*	anfangs, zuerst
	cōnstituere, stituō, stituī, stitūtum	aufstellen, festsetzen, errichten
	aedificium, ī *n.*	Gebäude
	aliter *Adv.*	anders
	cōnstruere, struō, strūxī, strūctum	(er)bauen, errichten
10	cursus, ūs *m.*	Lauf, Bahn
	premere, premō, pressī, pressum	drücken, drängen
	tellūs, ūris *f.*	Erde
	distāre ab, distō, –, –	entfernt sein von; sich unterscheiden von
	temperāre, temperō	mäßigen
15	quā dē causā (?)	weswegen (?)
	prīvāre, prīvō	berauben, befreien
	frīgidus, a, um	kalt
	exhaurīre, hauriō, hausī, haustum	ausschöpfen, leeren
	āēr, āeris *m.*	Luft
20	fundere, fundō, fūdī, fūsum	ausgießen; zerstreuen
	sub *m. Akk. (auf die Frage »wohin?«), m. Abl. (auf die Frage »wo?«)*	unter
	candidus, a, um	weiß
	color, ōris *m.*	Farbe
	capillus, ī *m.*	Haar

25 sanguis, inis *m.*	Blut
subicere, iciō, iēcī, iectum	unterwerfen
niger, gra, grum	schwarz
exiguus, a, um	klein, gering, unbedeutend
item *Adv.*	ebenso, auch
30 movēre, moveō, mōvī, mōtum	bewegen
stupidus, a, um	dumm, stumpfsinnig
mēns, mentis *f.*	Verstand, Gedanke, Sinn
fortis, e	tapfer
nātus, a, um	geboren
35 ut … ita	zwar … aber
merīdiēs, ēī *m.*	Mittag; Süden
fortitūdō, dinis *f.*	Tapferkeit
optimus, a, um	bester; sehr gut
dīvīnus, a, um	göttlich
40 ēgregius, a, um	ausgezeichnet, hervorragend
collocāre in aliquō locō, collocō	an einem Ort aufstellen, einrichten

Ordnen Sie folgende Lehn- und Fremdwörter sowie die Wörter aus dem Englischen und Französischen oben stehenden Vokabeln zu. Überlegen Sie jeweils auch, ob und ggf. wie sich ihre Bedeutung verändert hat.

froid, e – *optimal* – *Distanz* – to move – mentality – *Konstruktion* – distanzieren – expliquer – *konstituierende Versammlung* – to construct – *es pressiert* – disponieren – fortresse – tempérer – *Deprivation* – *Optimismus* – *frigide* – divin, e – to rectify – un air – *diffus* – *primär* – *konstruktiv* – to diffuse – fondre – *subkutan* – *Sexta* – *Subkontinent* – native – *rekonstruieren* – submarine – *rektifizieren* – *Kandidat* – la distance – candidature – distant – né, e – constituer – candide – *kolorieren* – presser – rectifier – *Kolorit* – *Dispo* – course – colour – to dispose – la couleur – *Kapillargefäß* – le constructeur – constitution – to deprive – capillary – *Kurs* – subir – les cheveux *m.* – *Sanguiniker* – priver – *Subjekt* – disposer – to subject – *Sexte* – le sujet – *Nigger* – to temper – noir, e – *Motivation* – *Akupressur* – le mouvement – stupid – explication – *Meridian* – la course – stupide – *mental* – constituer – *temperiert* – mental, e – *Fort* – to press – *Temperatur* – fort, e – *Nation* – méridional, e – fortitude – meridian – optimiste – *Diva* – *aerodynamisch* – frigid – air – divine – le sang – constituer.

Lektion 22

Stammformen bereits gelernter Vokabeln

gaudēre, gaudeō, gāvīsus sum	sich freuen

Eigennamen

Lūcīlius, ī *m.*	*Freund und Briefpartner Senecas*
Seneca, ae **m.**	*römischer Staatsmann und Philosoph (um 4 v. Chr. bis 65 n. Chr.)*

Lektion 22

sānus, a, um	gesund
sequī, sequor, secūtus sum *m. Akk.*	folgen
medicus, ī *m.*	Arzt
egēre, egeō, eguī, – *m. Abl.*	entbehren; nötig haben
5 varius, a, um	bunt; verschieden
modo ... modo	bald ... bald
rūrī	auf dem Land
saepius *Adv.*	öfter
nāvigāre, nāvigō	segeln, mit dem Schiff fahren
10 vēnārī, vēnor	jagen
quiēscere, quiēscō, quiēvī, quiētum	ruhen
exercēre, exerceō, exercuī, exercitum	üben
sē exercēre	sich üben, trainieren
verērī, vereor, veritus sum	fürchten
īgnāvia, ae *f.*	Trägheit
15 firmāre, firmō	kräftigen, stärken
mātūrus, a, um	reif; früh
adulēscentia, ae *f.*	Jugend
reddere, reddō *m. dopp. Akk.*	zu etw. machen
prōdesse, prōsum, prōfuī	nützen
20 lavāre, lavō, lāvī, lautum/lavātum	waschen
lavārī, lāvor, lautus/lavātus sum	sich waschen, baden
ūtī, ūtor, ūsus sum *m. Abl.*	benutzen, gebrauchen
bis *Adv.*	zweimal
semel *Adv.*	einmal
ēbrius, a, um	betrunken
25 turpis, e	schimpflich, schändlich
ēbriētās, ātis *f.*	Trunkenheit
perturbāre, perturbō	(völlig) verwirren
vidērī, videor, vīsus sum	scheinen
voluntārius, a, um	freiwillig
30 verēcundia, ae *f.*	Scheu, Scham(gefühl)
cōnātus, ūs *m.*	Versuch, Bemühung
latēre, lateō, latuī, –	verborgen sein
adicere, iciō, iēcī, iectum	hinzufügen
incertus, a, um	unsicher, ungewiss
35 gradus, ūs *m.*	Schritt, Stufe
velut *Adv.*	wie zum Beispiel; gleichsam
turbō, inis *m.*	Wirbel(wind), Sturm
mūrus, ī *m.*	Mauer
mōbilis, e	beweglich
40 aegrōtāre, aegrōtō	krank sein
mīrārī, mīror	sich wundern
solēre, soleō, solitus sum	pflegen, gewohnt sein

Ordnen Sie folgende Lehn- und Fremdwörter sowie die Wörter aus dem Englischen und Französischen oben stehenden Vokabeln zu. Überlegen Sie jeweils auch, ob und ggf. wie sich ihre Bedeutung verändert hat.

miracle – to use – un adjectif – *Vision* – mature – *graduell* – varié, e – *Mobilität* – *Gaudi* – *Latenzphase* – vision – le médecin – volontaire – exercise – various – latent, e – grade – *Navigationssystem* – mobiliser – une ébriété – to navigate – *Quietismus* – le grade – *Exerzitien* – incertain, e – firm – la maturité – adult – *Möbel* – rendre – *Lavamat* – *Sequenz* – *mirakulös* – laver – *User* – turpitude – medical – la turpitude – to perturb – sain, e – *variabel* – perturber – rural, e – quiet – la vision – *Volontär* – la séquence – voluntary – *Adoleszenz* – latent – adjective – incertitude – sequence – *Grad* – *Matura* – turbulent – lavatory – *Varietee* – *Turbolader* – la quiétude – naviguer – la turbulence – le mur – *sanieren* – *Automobil* – user – mobile – le miracle – *Adjektiv* – un exercice – *Firmung* – *exerzieren* – un adulte – *Immobilie*.

Lektion 23

Stammformen bereits gelernter Vokabeln

prōpōnere, pōnō, posuī, positum	ausstellen; vorschlagen; vorlegen
dīmittere, mittō, mīsī, missum	entlassen, fortschicken
legere, legō, lēgī, lēctum	lesen

Eigennamen

Chrīstiānus, ī *m.*	Christ
Chrīstus, ī *m.*	Christus
Gāius Plīnius Secundus, ī *m.*	*römischer Schriftsteller und Politiker (61 – etwa 114 n. Chr.); Statthalter von Bithynien (Kleinasien)*
Trāiānus, ī *m.*	*römischer Kaiser, regierte 98–117 n. Chr.*

dubitāre, dubitō	zweifeln; zögern
benīgnus, a, um	gütig, freundlich
hūmānus, a, um	menschlich; gebildet; freundlich
īnstruere, struō, strūxī, strūctum	unterrichten, unterweisen
5 continēre, tineō, tinuī, tentum	enthalten, umfassen
imāgō, inis *f.*	Bild
fidēlis, e	treu, zuverlässig; aufrichtig
venerārī, veneror	verehren, anbeten
maledīcere, dīcō, dīxī, dictum *m. Dat.*	jdn. schmähen, beleidigen
10 cōnstat, cōnstitit	es ist bekannt, es steht fest
minimus, a, um	kleinster, geringster
minimē *Adv.*	keineswegs, überhaupt nicht

affirmāre, firmō	versichern
sacrāmentum, ī *n.*	Eid
15 obstringere, stringō, strīnxī, strictum	verpflichten
fūrtum, ī *n.*	Diebstahl
latrōcinium, ī *n.*	Raub
fallere, fallō, fefellī, dēceptum	täuschen, betrügen
tormentum, ī *n.*	Folter
20 superstitiō, ōnis *f.*	Aberglaube
differre, differō, distulī, dīlātum	verbreiten; *einen Termin* verschieben; *(nur im Präsensstamm:)* verschieden sein
cōgnitiō, ōnis *f.*	Kenntnis; gerichtliche Untersuchung
pergere, pergō, perrēxī, perrēctum	fortfahren
tamquam *Adv.*	gleichwie, gleichsam
25 dēferre, ferō, tulī, lātum	überbringen; anzeigen
sīn	wenn aber
cōnfitērī, fiteor, fessus sum	gestehen, bekennen
supplicium, ī *n.*	Todesstrafe
minārī, minor	(an)drohen
30 tertius, a, um	dritter
tertiō *Adv.*	zum dritten Mal
persevērāre, persevērō *m. Inf.*	fortfahren, weiterhin tun
quam *m. Superlativ*	möglichst
sevērus, a, um	ernst, streng
35 pūnīre, pūniō	bestrafen
fierī, fīō, factus sum	werden; geschehen; gemacht werden
multō *beim Komparativ*	um vieles, viel
auctōritās, ātis *f.*	Ansehen, Einfluss
augēre, augeō, auxī, auctum	vermehren, vergrößern
40 cārus, a, um	lieb, teuer
convincere, vincō, vīcī, victum	(eines Verbrechens) überführen
conquīrere, quīrō, quīsīvī, quīsītum	aufspüren; zusammensuchen
crīmen, inis *n.*	Beschuldigung, Vergehen
pessimus, a, um	schlechtester
45 exemplum, ī *n.*	Beispiel
saeculum, ī *n.*	Zeitalter, Jahrhundert

Ordnen Sie folgende Lehn- und Fremdwörter sowie die Wörter aus dem Englischen und Französischen oben stehenden Vokabeln zu. Überlegen Sie jeweils auch, ob und ggf. wie sich ihre Bedeutung verändert hat.

minimal – punir – to augment – *Differenz* – la malédiction – une image – veneration – *exemplarisch* – to fail – torment – *Kriminalität* – to affirm – to convince – pessimiste – *Sakrament* – fidelity – une autorité – severe – le crime – un exemple – *Untertertia* – instruction – confesser – *Inkontinenz* – le sacrement – différent, e – *Kontinent* – *Konfession* – *imaginieren* – *Auktion* – *Pessimist* – imagination – fidèle – to venerate – malediction – tertiaire – *konstatieren* – to persevere – to minimize – to doubt – human – le minimum – *Affirmation* – sacrament – superstition – *instruieren* – continent – *differieren* – kognitiv – humain, e – *Minirock* – cognition – déférer – to confess – le supplice – vénérer – *Terz* – example – bénin, bénigne – image – *Tertium comparationis* – contenir – third – douter – persévérer – sévère – to punish – *Humanität* – *Autorität* – to conquer – *säkularisieren* – authority – auction – crime – augmenter – cher, chère – convaincre – la superstition – *Konquistador* – *kriminell* – pessimisme – *Exempel* – secular – benign – le siècle – *Humanismus* – instruire – *fidel* – affirmer – conquérir – *Krimi* – to differ – *instruktiv*.

Lektion 24

Stammformen bereits gelernter Verben

agere, agō, ēgī, āctum   tun; machen; treiben; betreiben

Eigennamen

Chrīstiānus, ī *m.*	Christ
Chrīstiāna, ae *f.*	Christin
Chrīstus, ī *m.*	Christus
Paulus, ī *m.*	Apostel Paulus
Sāturnīnus, ī m.	*Name des römischen Prokonsuls*

Namen christlicher Märtyrer
Aquilīnus, ī *m.*
Cittīnus, ī *m.*
Dōnāta, ae *f.*
Fēlīx, īcis *m.*
Generōsa, ae *f.*
Iānuāria, ae *f.*
Laetantius, ī *m.*
Nartzalus, ī *m.*
Secunda, ae *f.*
Spērātus, ī *m.*
Vestia, ae *f.*
Veturius, ī *m.*

prōcōnsul, is *m.*	Prokonsul, Statthalter
velle, volō, voluī	wollen
opera, ae *f.*	Arbei, Mühe
operam dare, dō *m. Dat.*	sich bemühen *um*
grātia, ae *f.*	Ansehen; Dank; Gunst
grātiās agere, agō	Dank sagen

5 simplex, icis	einfach, ehrlich
religiō, ōnis *f.*	Frömmigkeit; Religion
iūrāre, iūrō per *m. Akk.*	schwören bei
genius, ī *m.*	Geist, Schutzgeist
supplicāre, supplicō	beten
10 simplicitās, ātis *f.*	Einfachheit, Aufrichtigkeit
sacrum, ī *n.*	Heiligtum, Gottesdienst
auris, is *f.*	Ohr
praebēre, praebeō, praebuī, praebitum	hinreichen, darreichen
nōlle, nōlō, nōluī	nicht wollen
15 potius *Adv.*	vielmehr, lieber
mālle, mālō, māluī	lieber wollen
cēterī, ae, a	die Übrigen
particeps, cipis *m. Gen.*	beteiligt *an*, teilnehmend *an*
spatium, ī *n.*	Raum, Zeitraum
20 iūstus, a, um	gerecht
necessitās, ātis *f.*	Notwendigkeit
nēmō nostrum	keiner von uns
epistula, ae *f.*	Brief
mora, ae *f.*	Aufschub, Zeit(raum)
25 trīgintā *undeklinierbar*	dreißig
facultās, ātis *f.*	Möglichkeit
recordārī, recordor	sich erinnern; bedenken; nachdenken
dēcrētum, ī *n.*	Beschluss, Anordnung
tabula, ae *f.*	Tafel
30 rītus, ūs *m.*	Brauch, Ritus
quoniam	da ja
animadvertere, vertō, vertī, versum	bemerken; tadeln; bestrafen
placet	man beschließt
ūniversus, a, um	gesamt; *im Pl.* alle
35 statim *Adv.*	sofort

Ordnen Sie folgende Lehn- und Fremdwörter sowie die Wörter aus dem Englischen und Französischen oben stehenden Vokabeln zu. Überlegen Sie jeweils auch, ob und ggf. wie sich ihre Bedeutung verändert hat.

partizipieren – sacred – jurer – juste – *Universum* – plaire – *religiös* – space – universitaire – *Simplizität* – *spazieren gehen* – *Epistel* – la faculté – *Justiz* – auricular confession – le rite – to participate – *voluntaristisch* – une œuvre – *Grazie* – *sakral* – rite – *Gratifikation* – *simpel* – religious – la table – necessity – religieux, se – juror – supplication – la grace – supplier – *simplifizieren* – *dekretieren* – grace – la simplicité – sacré, e – *Aurikel* – le décret – universal – une oreille – *Plazet* – le participe – *Ritualmord* – un espace – *Justus* – simple – la nécessité – epistle – un échange épistolaire – *Moratorium* – faculty – voluntary – un univers – *Dekret* – religion – *Juroren* – *Tabula rasa* – just – table – simplifier – *Partizip* – la volonté – le tableau – *rituell* – to please – *Universität* – participer – *fakultativ* – decree – simplicity.

Lektion 25

Eigennamen

Campānia, ae *f.*	Kampanien, *Landschaft in Süditalien*
Cannae, ārum *f.*	*Ort in Süditalien, wo Hannibal den Römern 216 v. Chr. eine vernichtende Niederlage zufügte*
Capitōlium, ī *n.*	Kapitol, *Hügel in Rom mit Iuppiter-Tempel*
Chrīstiānus, ī *m.*	Christ
Chrīstus, ī *m.*	Christus
Hannibal, balis *m.*	*Feldherr der Karthager*
Iuppiter, **Iovis** *m.*	*höchster Gott der Römer*
Nīlus, ī *m.*	Nil
Pompēiī, ōrum *m.*	Pompeji, *79 n. Chr. durch den Ausbruch des Vesuv zerstört*
Rōma, ae *f.*	Rom
Tiberis, is *m.*	Tiber
Tiberius, ī *m.*	Kaiser Tiberius, *regierte 14–37 n. Chr.*

probus, a, um	rechtschaffen, anständig
adversus *m. Akk.*	gegen
innocēns, entis	unschuldig, rechtschaffen
quoque *nachgestellt*	auch
5 exīstimāre, exīstimō	glauben, meinen
clādēs, is *f.*	Niederlage; Unglück; Schaden
populāris, e	Volks-, des Volkes
incommodum, ī *n.*	Nachteil; Niederlage
ascendere, ascendō, ascendī, ascēnsum	hinaufsteigen
10 moenia, ium *n.*	Stadtmauer
leō, ōnis *m.*	Löwe
adventus, ūs *m.*	Ankunft
pauper, eris	arm
īnfimus, a, um	unterster, niedrigster
15 īnferre, īnferō, intulī, illātum	hineintragen; zufügen
tunc *Adv.*	damals, dann
querī, queror, questus sum	sich beklagen
īgnis, is *m.*	Feuer
ānulus, ī *m.*	Ring
20 caedēs, is *f.*	Gemetzel, Morden
mētīrī, mētior, mēnsus sum	abmessen
vetus, eris	alt
comparāre, parō	zusammenstellen, vergleichen
levis, e	leicht, geringfügig
25 accidere, cidō, cidī, –	vorfallen, sich ereignen
ē / ex *m. Abl.*	aus … heraus; von *(vgl. Lekt. 7)*; seit
innocentia, ae *f.*	Unbescholtenheit, Rechtschaffenheit

imber, bris *m.*	Regen
hībernus, a, um	winterlich, Winter-
30 dēficere, ficiō, fēcī, fectum	abnehmen; mangeln; ausbleiben
cōttidiē *Adv.*	täglich, Tag für Tag
plācāre, plācō	besänftigen, versöhnen
āvertere, vertō, vertī, versum	abwenden, abkehren
āridus, a, um	trocken; lechzend
35 continentia, ae *f.*	Selbstbeherrschung, Enthaltsamkeit
studiōsus, a, um *m. Gen.*	eifrig bemüht *um*
dētrīmentum, ī *n.*	Schaden
ergō *Adv.*	also
mīrus, a, um	wunderbar, erstaunlich; sonderbar
40 perfectus, a, um	vollendet, vollkommen
mandāre, mandō	übergeben, anvertrauen
māter, tris *f.*	Mutter

Ordnen Sie folgende Lehn- und Fremdwörter sowie die Wörter aus dem Englischen und Französischen oben stehenden Vokabeln zu. Überlegen Sie jeweils auch, ob und ggf. wie sich ihre Bedeutung verändert hat.

un anneau – to avert – vieux, vieille – *Adventszeit* – un ascenseur – perfect – mandate – admirer – le détriment – innocence – quotidian – aride – miraculous – *Defizit* – popular – *Komparativ* – detriment – studieux, se – innocent, e – *populär* – to ascend – le lion – advenir – pauvre – infime – to infer – *Perfektionismus* – Meter – la perfection – métrer – *Veteran* – *Komparation* – *Inkontinenz* – comparer – levity – accident – un accident – *ex trinken* – exit – le mandat – exporter – *Matriarchat* – une innocence – la continence – *Ex-Freund* – hivernal, e – deficient – innocent – inférer – la défectibilité – quotidien, ne – *Aversion* – la probité – poor – populaire – une aversion – arid – *Pauperismus* – metre – continent *Adj.* – studious – advent – probity – lion – *Mirakel* – parfait, e – *Mandat* – to compare – *inkommodieren*.

Lektion 26

Eigennamen

Benedictus, ī *m.*	Benedikt; *gründete den Mönchsorden der Benediktiner* (s. Informationstext)
Benedictīnus, a, um	benediktinisch
Chrīstus, ī *m.*	Christus
mons Casīnus, montis Casīnī *m.*	Montecassino, *Berg in Latium*
recēdere, cēdō, cessī, cessum	zurückweichen; sich zurückziehen
monastērium, ī *n.*	Kloster
monachus, ī *m.*	Mönch
ōrdō, ōrdinis *m.*	Ordnung; Stand, Klasse; Orden
5 observāre, servō	beobachten; beachten, befolgen
rēgula, ae *f.*	Regel

	oboedientia, ae *f.*	Gehorsam
	aeternus, a, um	ewig
	gradī, gradior, gressus sum	(be)schreiten
10	angustus, a, um	eng, schmal
	arripere, ripiō, ripuī, reptum	an sich reißen, ergreifen
	unde(?)	woher(?); daher
	arbitrium, ī *n.*	Urteil; (freie) Entscheidung
	dēsīderium, ī *n.*	Sehnsucht, Wunsch
15	tālis, e	so beschaffen, derartig
	imitārī, imitor	nachahmen
	sententia, ae *f.*	Meinung; Stimme; Satz
	voluntās, ātis *f.*	Wille, Wunsch
	cor, cordis *n.*	Herz
20	factum, ī *n.*	Tat; Tatsache
	inimīcus, a, um	feindlich; *subst.:* Feind
	anima, ae *f.*	Seele
	occupāre, occupō	einnehmen, besetzen; beschäftigen
	seniōrēs, um *m.*	die Älteren
25	vacāre, vacō *m. Dat.*	für etw. Zeit haben, sich *einer Sache* widmen
	nocēre, noceō, nocuī, nocitum	schaden
	peccāre, peccō	sündigen; eine Verfehlung begehen
	trādere, trādō, trādidī, trāditum	übergeben, anvertrauen; überliefern
	secundum *m. Akk.*	gemäß
30	sēcrētus, a, um	(ab)gesondert, getrennt
	(ad)monēre, moneō, monuī, monitum	erinnern; ermahnen; warnen
	ēmendāre, mendō	verbessern
	cōram *m. Abl.*	in Gegenwart von, vor
	gravis, e	schwer
35	noxius, a, um	schuldig
	praecipuē *Adv.*	besonders
	proprius, a, um	eigen; eigentümlich
	omnīnō *Adv.*	ganz und gar, völlig
	quisquam, quicquam; *Gen.* cuiusquam	(irgend)jemand, (irgend)etwas
40	loquī, loquor, locūtus sum	reden, sprechen

Ordnen Sie folgende Lehn- und Fremdwörter sowie die Wörter aus dem Englischen und Französischen oben stehenden Vokabeln zu. Überlegen Sie jeweils auch, ob und ggf. wie sich ihre Bedeutung verändert hat.

les vacances *f.* – sentence – to imitate – desire – *graduell* – colloquial – noxious – occupé,e – un accent grave – property – fact – *Sekret* – voluntary – le cœur – la tradition – animator – enemy – *Gravitation* – pécher – secret – vacancy – *Fakt* – senior – *Kolloquium* – *Ordinalzahl* – un ordre – observer – *regulär* – to admonish – traditional – regular – obéir – eternal – le monastère – le grade – *arbiträr* – *Desiderat* – *Rezession* – le désir – *Imitation* – *Sentenz* – *Voluntarismus* – monastery – la volonté – le fait – un ennemi – *animieren* – éternel, le – le moine – une âme – *Senior* – to occupy – *vakant* – *observieren* – la règle – nocif, ve – *Tradition* – arbitrary – to observe – to recede – secret, secrète – to emend – recéder – *gravitätisch* – le libre arbitre – grave – la sentence – propre – le colloque – monk – order – grade – obedience – *okkupieren* – le seigneur – imiter.

Lektion 27

Eigennamen

Antrōnius, ī *m.*	*Abt*
Magdalia, ae *f.*	*vornehme Dame*
Gallicus, a, um	französisch
Latīnus, a, um	lateinisch

	ēlegāns, ēlegantis	elegant; auserlesen
	parum *Adv.*	zu wenig
	decōrus, a, um	anständig, passend
	puella, ae *f.*	Mädchen
5	mātrōna, ae *f.*	(verheiratete/ehrbare) Frau
	quamobrem?	weshalb?
	muliebris, e	weiblich
	sapere, sapiō, sapīvī/sapiī, –	weise/klug sein, seinen Verstand gebrauchen
	suāvis, e	süß, angenehm
10	convīvium, ī *n.*	Gastmahl
	vehemēns, vehementis	heftig
	intellegere, legō, lēxī, lēctum	erkennen; verstehen, einsehen
	īnfēlīx, īnfēlīcis	unglücklich
	utique *Adv.*	jedenfalls
15	quō … eō	je … desto
	ērudītus, a, um	gebildet
	audāx, audācis	kühn; frech
	contendere, tendō, tendī, tentum	sich anstrengen; behaupten; kämpfen; eilen
	doctus, a, um	gelehrt
20	vītāre, vītō	(ver)meiden
	administrāre, ministrō	leiten, verwalten
	domesticus, a, um	häuslich; zum Haus gehörend
	arbitrārī, arbitror	meinen, glauben
	lingua, ae *f.*	Zunge; Sprache
25	decet *(von* decēre; *nur Inf. und 3. Pers. Sg.),* decuit	es gehört sich; *m. Akk.:* es ziemt sich *für*
	poēta, ae **m.**	Dichter
	praedicāre, dicō	rühmen; laut verkünden
	pudor, ōris *m.*	Scham(gefühl); Ehrgefühl
	contemnere, temnō, tempsī, temptum	verachten, gering schätzen

30 oblīvīscī, oblīvīscor, oblītus sum   *etw.* vergessen
    m. Akk. od. Gen.
   familiāritās, tātis *f.*   vertrauter Umgang; Freundschaft
   parere, pariō, peperī, partum   hervorbringen, erzeugen
   ratiō, ōnis *f.*   Vernunft
   adimere, imō, ēmī, emptum   wegnehmen; an sich nehmen
35 superesse, sum, fuī   übrig sein; überleben; (reichlich) vorhanden sein
   īnsānus, a, um   verrückt, wahnsinnig
   vīrēs, vīrium *f.*   Kräfte
   pāx, pācis *f.*   Friede
   invītus, a, um   wider Willen, ungern

Ordnen Sie folgende Lehn- und Fremdwörter sowie die Wörter aus dem Englischen und Französischen oben stehenden Vokabeln zu. Überlegen Sie jeweils auch, ob und ggf. wie sich ihre Bedeutung verändert hat.

decent – élégant, e – *Dezenz* – insane – virulence – *rational* – familiarity – contempt – *Prädikat* – language – domestic flight – une intelligence – poet – docte – to predicate – *domestizieren* – la paix – *Vehemenz* – *Administration* – *Matrone* – *familiär* – *Intellekt* – un érudit – audacieux, se – doctor – éviter – to administer – la pudeur – administrer – ratio – suave – peace – *virulent* – savoir – domestique – *Linguistik* – vehement – elegant – linguist – véhément, e – *Intellektueller* – la langue – le convive – décent, e – *Poesie* – *Domestike* – *Doktor* – le poète – erudite – le prédicat – to contend – pudenda – intelligent – le contempteur – la familiarité – une insanité – la raison – virulent, e – *Ohropax* – audacious.

Lektion 28

Eigennamen

Chrīstophorus Columbus,   Christoph Kolumbus, *span. Entdecker (1451–1506)*
   Chrīstophorī Columbī *m.*
Chrīstus, ī *m.*   Christus
Raphaēlis Sanxis,   *Schatzmeister des Königs Ferdinand II.*
   Raphaēlis Sanxis *m.*
Ferdinandus, ī *m.*   Ferdinand II., der Katholische, *1479–1516 König des vereinigten Spaniens*

Gādēs, ium *f.*   Cadiz, *Stadt in Spanien*
Indicus, a, um   indisch
Indī, ōrum *m.*   Indien
Iōhanna, ae *f.*   Johanna
Hispāniēnsēs, ium *m.*   Spanier

īnsula, ae *f.*   Insel
reperīre, reperiō, repperī,   finden, entdecken
   repertum

Lektion 28

	discēdere, cēdō, cessī, cessum	weggehen
	mare, is *n.*	Meer
5	pervenīre, veniō, vēnī, ventum	hinkommen, (hin)gelangen
	possessiō, ōnis *f.*	Besitz
	incola, ae *m. und f.*	Einwohner
	uterque, utraque, utrumque; *Gen.* utrīusque; *Dat.* utrīque	jeder (von beiden)
	sexus, ūs *m.*	Geschlecht
10	nūdus, a, um	nackt
	incēdere, cēdō, cessī, cessum	einhergehen; eindringen
	tegere, tegō, tēxī, tēctum	(be)decken
	trēs, trēs, tria; *Gen.*: trium; *Dat.*: tribus	drei
	celer, celeris, celere	schnell
15	permultī, ae, a	sehr viele
	cēterum *Adv.*	übrigens
	cernere, cernō, crēvī, crētum	wahrnehmen; entscheiden
	tūtus, a, um	geschützt, sicher
	admodum *Adv.*	sehr
20	līberālis, e	vornehm; freigebig
	quisque, quaeque, quidque *subst.*/quodque *adj.*; *Gen.*: cuiusque	jeder
	adipīscī, adipīscor, adeptus sum	erlangen, erreichen, bekommen
	immō *Adv.*	im Gegenteil
	vīs, *Akk.*: vim, *Abl.*: vī *f.*	Kraft, Gewalt
25	inde *Adv.*	von dort; von da an
	nauta, ae *m.*	Seemann, Matrose
	dēscendere, scendō, scendī, scēnsum	herabsteigen
	quamvīs *m. Konj.*	obwohl
	versārī, versor	sich aufhalten
30	ūtilis, e	nützlich
	scīlicet *Adv.*	nämlich, das heißt; natürlich
	discessus, ūs *m.*	Weggehen, Abreise
	reditus, ūs *m.*	Rückkehr
	pollicērī, polliceor, pollicitus sum	versprechen
35	revertī, vertor, vertī, –	zurückkehren
	aurum, ī *n.*	Gold
	māiestās, tātis *f.*	Größe, Würde, Majestät
	exigere, igō, ēgī, āctum	fordern; ausführen, vollenden
	nātūra, ae *f.*	Natur, Wesen
40	pavidus, a, um	furchtsam, ängstlich
	timidus, a, um	furchtsam
	facilis, e	leicht

convertere, vertō, vertī, versum — umwenden, verändern; bekehren
extrēmus, a, um — äußerster, letzter

Ordnen Sie folgende Lehn- und Fremdwörter sowie die Wörter aus dem Englischen und Französischen oben stehenden Vokabeln zu. Überlegen Sie jeweils auch, ob und ggf. wie sich ihre Bedeutung verändert hat.

nature – *Konvertit* – *majestätisch* – triangle – extrême – exigence – le tuteur – liberal – l'or *m.* – descendre – *Extremitäten* – *Nautik* – la majesté – *irreversibel* – tutor – possession – incessant, e – to detect – *Trimester* – *Extremist* – *konvertieren* – to discern – *Tutor* – trois – liberal, e – nautique – *deszendentes Wachstum* – irreversible – isle – incessant – irréversible – submarine – *konsequent* – majesty – facile – le sexe – la possession – nude – *maritim* – sex – *Detektiv* – exiger – *Naturalien* – *Insulaner* – timid – *Konverter* – *Possessivpronomen* – détecter – une île – *Liberalität* – converter – facility – *Extremsport* – timide – to descend – extreme – la mer – *sexuell* – nu, e – la nature – discerner – to convert.